Wilhelm Rudolph Weitenweber

Repertorium sämtlicher Schriften der königl. böhmischen Gesellschaft der Wissenschaften

vom Jahre 1769 bis 1868

Wilhelm Rudolph Weitenweber

Repertorium sämtlicher Schriften der königl. böhmischen Gesellschaft der Wissenschaften

vom Jahre 1769 bis 1868

ISBN/EAN: 9783743630307

Hergestellt in Europa, USA, Kanada, Australien, Japan

Cover: Foto ©ninafisch / pixelio.de

Weitere Bücher finden Sie auf **www.hansebooks.com**

REPERTORIUM

sämmtlicher Schriften

der königl. böhmischen

Gesellschaft der Wissenschaften

aus den Jahre 1769 bis 1868.

Zur Feier des hundertjährigen Bestandes der Gesellschaft

zusammengestellt

von

Dr. WILH. RUDOLPH WEITENWEBER.

(Auf Kosten der königl. böhm. Gesellschaft der Wissenschaften.)

Druck von Jarosl. Pospíšil in Prag.

Vorwort.

Es wäre wohl überflüssig, über die allgemein anerkannte Nützlichkeit, ja Unentbehrlichkeit der unter den verschiedenen Namen: Register, Index, Repertorium, Catalog, Elenchus u. dgl. bearbeiteten übersichtlichen Personen- und Sachverzeichnisse bei nur einigermassen an Umfang und Stoffmannigfaltigkeit reicheren Sammelwerken im Allgemeinen mehre Worte zu verlieren; indem man sonst — wie die tägliche Erfahrung lehrt — nicht im Stande ist, sowohl die dort behandelten einzelnen Gegenstände, als deren Verfasser ohne bedeutenden Zeitverlust und grosse Unbequemlichkeit gehörigen Orts aufzufinden und nachzuschlagen.

Auch wir sind mit unseren voluminösen Actenbänden und den zahlreichen Heften verschiedenartiger Sitzungsberichte in diesem Falle. Um die wissenschaftliche Thätigkeit und literärischen Leistungen innerhalb der kön. böhmischen Gesellschaft der Wissenschaften seit ihrem einhundertjährigen Bestande ersichtlich zu machen, dürfte es unstreitig zeit- und ortsgemäss sein, in der vorliegenden Schrift eine vollständige nominelle Aufzählung der während des soeben geschlossenen Säculums gelieferten gelehrten Arbeiten zu liefern; dies um so mehr, als die Gesellschaft, in Erwägung ihrer mitunter minder günstigen äusseren Verhältnisse, wohl mit

*

einiger Befriedigung auf die bisherigen Resultate ihrer Bestrebungen zurückblicken kann.

Nachdem schon im Jahre 1823 das ord. Mitglied, Prof. Dr. *Max. Millauer* im 8. Actenbande der III. Folge eine „Uebersicht sämmtlicher in den bisherigen (XXI) Bänden von Abhandlungen der k. böhm. Ges. d. Wiss." veröffentlicht, ferner im Jahre 1854 das ord. Mitglied, Universitäts-Bibliothekar Dr. *Ignaz Joh. Hanuš* eine selbstständige Schrift unter dem Titel: „Systematisch und chronologisch geordnetes Verzeichniss sämmtlicher Werke und Abhandlungen der k. böhm. Ges. d. Wiss." auf Kosten der Gesellschaft herausgegeben hat, wurde dem Verfasser vor einiger Zeit der Auftrag von Seiten der genannten Gesellschaft ertheilt, das betreffende Register neuerdings zu bearbeiten und bis zum Schlusse des Jahres 1868 fortzusetzen.

Noch erachten wir für nothwendig, des besseren Verständnisses wegen für den Leser einige erläuternde Bemerkungen bezüglich der in der vorliegenden Schrift öfters gebrauchten Abbreviaturen u. s. w. anzuschliessen.

Sämmtliche, von der kön. Gesellschaft im Verlaufe des eben geschlossenen Jahrhunderts (von 1769—1868) publicirten Druckschriften, welche das Material des vorliegenden „Repertoriums" abgeben, lassen sich — wie dies auch schon Dr. Hanuš im oben citirten Verzeichniss beobachtete — in folgende *drei Arten* unterscheiden, und zwar:

A. Die von Zeit zu Zeit herausgegebenen publicirten *Actenbände* der Gesellschaft, von denen, *ehe dieselbe als ein öffentliches wissenschaftliches Institut auftrat*, im Druck erschienen sind:

1. Unter dem Titel: **Prager gelehrte Nachrichten** u. s. w. seit dem 1. October 1771 bis zum 15. September 1772. Zwei

Bände in Octavformat. Die dort vorkommenden Aufsätze werden im Repertorium mit der Abbreviatur „G. N." bezeichnet.

2. Unter dem Titel: *Abhandlungen einer Privatgesellschaft in Böhmen* zur Aufnahme der Mathematik, der vaterländischen Geschichte und der Naturgeschichte, zum Druck befördert von Ignaz Edlen v. Born. Prag, in 8° bei Gerle. Sechs Bände von den Jahren 1775—1784, und zwar der 1. Band 1775, der 2. 1776, der 3. 1777, der 4. 1778, der 5. 1782 und der 6. 1784. Ihre Abbreviatur ist im Repertorium mit „Pr. Ges." bezeichnet.

Ferner die Actenbände, *nachdem unsere Gesellschaft zu einem öffentlichen wissenschaftlichen Institut erhoben worden*. Hievon sind bisher *sechs Folgen* zu unterscheiden, nämlich:

I. F. *Abhandlungen der böhmischen Gesellschaft der Wissenschaften*, in Quartformat, von welchen 4 Bände erschienen sind. Der 1. Prag 1785, der 2. Prag u. Dresden bei Walther 1786, der 3. ebendaselbst 1787, der 4. ebendas. 1789.

II. F. *Neuere Abhandlungen der königl. böhmischen Gesellschaft der Wissenschaften*, ebenfalls in Quartformat, von welchen 3 Bände erschienen sind, und zwar der 1. Prag bei Gerzabek 1790, der 2. bei Calve 1795 und der 3. bei Gerzabek 1795.

III. F. *Abhandlungen der königl. böhmischen Gesellschaft der Wissenschaften*, in Octavformat, von welchen 8 Bände in Prag bei G. Haase erschienen sind. Hievon enthält der 1. Band (1804) Abhandlungen von den Jahren 1802, 1803 und 1804; der 2. (1811) jene von den Jahren 1805, 1806, 1807, 1808 und 1809; der 3. Band (1814) jene von den Jahren 1806, 1807, 1808, 1810 und 1811; der 4. Band (1814) jene von den Jahren 1809, 1811 und 1813; der 5. Band (1818) die Abhandlungen von den Jahren 1814, 1815, 1816 u. 1817; der 6. Band (1820) jene von den Jahren 1818 und 1819; der 7. Band (1822) jene von den Jahren 1820 und 1821; der 8. Band endlich (1823) jene von den Jahren 1822 und 1823.

IV. F. *Abhandlungen der königl. böhmischen Gesellschaft der Wissenschaften. Neue Folge.* 5 Bände in Octavformat. Hievon enthält der 1. Band (1827) Abhandlungen von den Jahren 1824, 1825 und 1826; der 2. (1830) Abhandlungen von den Jahren 1827, 1828, 1829 und 1830; der 3. (1833) Abhandlungen von den Jahren 1831 und 1832; der 4. (1837) Abhandlungen von den Jahren 1833, 1835, 1836 und der 5. (1837) Abhandlungen vom Jahre 1836.

V. F. *Abhandlungen der königl. böhmischen Gesellschaft der Wissenschaften. Fünfte Folge.* 14 Bände in Quartformat, von den Jahren 1841 bis 1866; und zwar enthält: der 1. Band (1841) Abhandlungen von den Jahren 1837 bis 1840; der 2. (1843) Abhandlungen von den Jahren 1841 und 1842; der 3. (1845) von den Jahren 1843 und 1845; der 4. (1847) von den Jahren 1845 und 1846; ferner der 5. Band (1848) Abhandlungen vom Jahre 1847; der 6. Band (1851) von den Jahren 1848—1850; der 7. (1852) von den Jahren 1851 und 1852; der 8. (1854) von den Jahren 1852—1854; der 9. (1857) Abhandlungen von den Jahren 1854—1856; der 10. (1859) von den Jahren 1857, 1858 und 1859; der 11. Band (1861) von den Jahren 1860 und 1861; der 12. (1863) Abhandlungen von den Jahren 1861 und 1862; der 13. (1865) von den Jahren 1863 und 1864; der 14. Band (1866) von den Jahren 1865 und 1866.

VI. F. *Abhandlungen der königl. böhmischen Gesellschaft der Wissenschaften. Sechste Folge.* Bisher sind 2 Bände in Quartformat erschienen; hievon enthält der 1. Band

(1868) Abhandlungen vom Jahre 1867 und der 2. (1869) Abhandlungen vom Jahre 1868.

Die im „Repertorium" gebrauchte Abbreviatur für die einzelnen, in diesen *sechs* **Folgen** von Actenbänden publicirten Abhandlungen und Sectionsberichte ist nun folgende, dass die beigefügte römische Ziffer die „Folge", die arabische den „Band" anzeigt; z. B. IV. 2., der vierten Folge zweiter Band.

B. Eine zweite Art unserer Gesellschaftsschriften bilden jene grösseren oder kleineren Werke verschiedener einzelner Verfasser, welche ausserhalb der Actenbände auf Kosten und im Verlage der Gesellschaft erschienen sind, sowie die auch selbstständig herausgegebenen Separatabdrücke der einzelnen Abhandlungen aus den Actenbänden. Sie wurden im Repertorium durch ein vorgesetztes Sternchen (*) bezeichnet. — Hieher ist auch der einzelne Band von Abhandlungen zu rechnen, welcher unter dem gemeinsamen Titel: „Vorträge, gehalten in der öffentl. Sitzung der k. böhm. Ges. d. Wiss. bei ihrer ersten Jubelfeier am 14. Sept. 1836 (Prag 1837)" erschienen ist. Als Abbreviatur gilt: „*Vortr.*".

C. Die dritte Art der literärischen Publicationen besteht in den Auszügen aus den Vorträgen, welche in den Monatsversammlungen der einzelnen Sectionen (Geschichte, Philosophie, Philologie, Naturwissenschaft und Mathematik) theils in deutscher, theils in böhmischer Sprache gehalten worden sind. Die kürzeren oder längeren *Sitzungsberichte* wurden seit dem Jahre 1840 dem jedesmaligen Actenbande (Abhandlungen fünfter Folge) vorgedruckt; seit dem J. 1859 aber, einem neuen Sitzungsbeschlusse zufolge, abgesondert in Halbjahrsheften veröffentlicht. Sie werden im Repertorium mit „S. B." bezeichnet und das betreffende Datum des jedesmaligen Vortrages beigefügt. Wurde etwa überdies ein und der andere böhmische

Vortrag in extenso im „Časopis Českého musea" abgedruckt, so wird dieses im Repertorium durch die Abbreviatur *Č. č. M.* angedeutet. — Auch dürfte das am Ende des Buches angehängte alphabetische Verzeichniss der Autorennamen Manchem erwünscht sein, um die jeden einzelnen Autor betreffenden Stellen leicht aufzufinden.

Prag am 1. October 1869.

Dr. **W. R. Weitenweber.**

Erste Abtheilung.

Abhandlungen ins kosmologische Gebiet gehörend.

1. Astronomie und Chronologie etc.

Kritik über: M. *Krameri:* Sacri pulveres mensis Decembris. Prag 1767. Gel. Nachr. I. Band. S. 104.

„ über: A. *Pilgram:* Ephemerides astronomicae anni 1771. Vienn. 1771. G. N. II. Band. S. 190.

Jos. *Stepling:* Betrachtung über die Wirkung der Sonne in verschiedenen Breitengraden. 1776. Priv. Ges. II. S. 128.

Ant. *Strnad:* Astronomische Beobachtung des obern Sonnenrandes und daraus gezogene Polhöhe der Prager Sternwarte. 1777. Pr. G. III. S. 396.

Ad. *Voigt:* Ueber den Kalender der Slaven, besonders der Böhmen. 1777. Pr. G. III. S. 99.

Jos. *Stepling:* Physische Abhandlung von der Schwankung der Erdachse. 1778. Pr. G. IV. S. 9.

„ Physikalische Abhandlung von der Abirrung der Gestirne und des Lichtes. 1778. Pr. G. IV. S. 1.

Fr. Jos. *Gerstner:* Der Vorübergang des Merkurs vor der Sonne am 4. Mai 1786. Abhandl. I. Folge. 2. Band. S. 204.

Joh. *Tessanek:* Von einigen Eigenschaften der elliptischen Bewegung der Planeten und Kometen. 1787. Abhandl. I. 3. S. 153.

Graf Franz Ernst *Schafgotsch:* Ueber die Berechnung der Ephemeriden. I. 3. S. 201.

Ant. *Strnad:* Beobachtung der Sonnenfinsterniss am 15 Brachmonat 1787 auf der Prager Sternwarte. I. 3. S. 174.

Fr. Jos. *Gerstner:* Beobachtung der Sonnenfinsterniss am 4. Juni 1788. I. 4. S. 123—125.

„ Merkur vor der Sonne zu Prag den 5. Nov. 1789. II. 1. S. 183.

„ Eine leichte und genaue Methode für die Berechnung der geograph. Länge aus Sonnenfinsternissen. 1789. I. 4. S. 128.

Ant. *Strnad:* Astron. Beobachtungen auf der Prager Sternwarte. 1795. II. 3. S. 61.

* Franz v. *Triesnecker:* Ueber die Ungewissheit astronomischer Fixpunkte bei der Entwerfung einer Karte von Persien und der asiatischen Türkei. Prag 1804. III. 1.

* „ Astronomische Beobachtungen an verschiedenen Sternwarten. I. Sammlung 1806. III. 2.; II. S. 1808. III. 3.; III. S. 1808; IV. S. 1809; V. S. 1810. III. 4.

Martin Al. *David:* Astron. Beobachtungen von den Jahren 1816—1818. III. 6.

* „ Astron. Beobachtungen von den Jahren 1818—1819 an einigen Sternwarten des österr. Kaiserstaates. 1820. III. 7.

Joh. Jos. *Littrow:* Ueber den erweiterten Gebrauch der Multiplikationskreise. 1820. III. 7.

Mart. Al. *David:* Astron. Beobachtungen von den Jahren 1820—1821 zu Prag und Lemberg. 1823. III. 8.

* „ Astron. Beobachtungen 1822—1824 an der k. Sternwarte zu Prag. 1827. IV. 1. Mit einer Kupfertafel.

Adam *Bittner:* Kurze geschichtliche Darstellung der Kometen-Astronomie. 1825. IV. 1. S. 1—10.

* Mart. Al. *David:* Geschichte des Kometen, den Hauptmann von Biela den 27. Febr. 1826 zu Josephstadt entdeckte. Prag 1827. IV. 1. Mit einer Kupfertafel in Fol.

* „ Astronomische Beobachtungen 1825—1828. Prag 1830. IV. 2.

„ Dreimalige Messungen und astronomische Ortsbestimmungen. 1830. IV. 2.

Mart. Al. *David:* Geographische Länge der Prager Sternwarte. 1831. Prag 1833. IV. 3.

Fr. *Moth:* Analytische Untersuchung über die Fehler eines Mittagfernrohres und Methoden, diese Fehler zu bestimmen. Prag 1831. IV. 3. (1833.)

* *David, Bittner* und *Hallaschka:* Astronomische Beobachtungen auf der Prager Sternwarte im Jahre 1830. Prag 1832, 1831 u. 1832. Prag 1833. IV. 3., und David's abgesondert, IV. 3.

* Mart. Al. *David:* Hallaschka's astronomische Beobachtungen. 1833. Prag 1837. IV. 4.

* Cass. *Hallaschka:* Astronom. Beobachtungen an der Prager Sternwarte. 1833. IV. 4.

* J. *Jüttner:* Anleitung zur Verzeichnung der Netze für Globen. 1837. IV. 4.

Chr. *Doppler:* Ueber das farbige Licht der Doppelsterne und einiger anderen Gestirne des Himmels. 1843. V. 2. S. 468. Mit einer Kupfertafel.

Carl *Kreil:* Beobachtungen über den grossen Kometen von 1843. Prag 1845. V. 3. S. 217.

* „ Versuch, den Einfluss des Mondes auf den atmosphärischen Zustand unserer Erde zu erkennen. 1843. V. 2. S. 33. Mit einer Tafel Abbild.

Jos. *Jungmann:* Navedení hvězdářsko-lékařské. 1843. V. 2. S. 193. 2. Abtheilung.

Chr. *Doppler:* Ueber eine Construction von Boussolen ohne Declination. 1847. V. 5. S. 15.

„ Beiträge zur Fixsternkunde. 1847. V. 4. S. 621.

* C. *Jelinek:* Bahnbestimmung des von de Vico am 24. Jäner 1846 entdeckten Kometen. Prag 1849. V. 7. S. 109.

K. Jar. *Erben:* Ueber die slavischen Monatsnamen. 1849. V. 6. S. 21. (1851.) Č. č. M. 1849. I. S. 133.

* Jos Georg *Böhm:* Beschreibung seines Uranoscops, in dritter Ausgabe. Sitz. Ber. v. 20. März 1854.

„ Ueber die am 7. Febr. 1855 stattfindende Constellation der Venus, Mars und Merkur. Sitz. Ber. v. 23. Jan. 1854.

* Jos. Georg *Böhm:* Methode, geographische Breite und Azimut zugleich aus blossen Azimut-Beobachtungen der Circumpolarsterne, ohne Hilfe und Kenntniss der Zeit, auf das Genaueste zu finden. Bestimmung der geographischen Breite von Innsbruck. Abhandl. 1855. V. Folge. 9. Band.
„ Neuerliche Bestimmung der Seehöhe der Prager Sternwarte. Sitz. Ber. v. 28. Juli 1856.
„ Ueber die Principien bei Berechnung der Mondscheintage. Sitz. Ber. v. 24 Nov. 1856.
„ Ueber die Beobachtung von Sternschnuppen. Sitz. Ber. v. 10. Mai 1858.
* „ Ueber die geographische Breite von Prag. 1857. Abhandl. V. Folge. 10. Band.

W. *Hanka:* Ueber einen böhm. Wandkalender für das J. 1517 von Wáclaw Žatecký. Sitz. Ber. v. 5. März 1860.
„ Cisiojanus z knížky 1656. Sitz. Ber. v. 5. März 1860.

Franz *Karlinski:* Einiges über den neuern Planeten Hestia. Sitz. Ber. v. 30. April 1860.

W. R. *Weitenweber:* Ueber ein in Teheran befindliches altpersisches Astrolabium. Sitz. Ber. v. 4. Juni 1860.

Carl *Kořistka:* Ueber das von Hrn. Kříž beschriebene und abgebildete persische Astrolabium. Sitz. Ber. v. 17. Dec. 1860.

W. R. *Weitenweber:* Briefliche Mittheilung des Hrn. P. Zulauf in Saaz über ein dort beobachtetes Zodiakallicht. Sitz. Ber. v. 18. Febr. 1861.

Fr. *Karlinski:* Die Resultate aus den magnet. Declinationsbeobachtungen zu Krakau. Sitz. Ber. v. 18. März 1861.
„ Ueber die Verbesserung der Bahnelemente des Planeten Hestia. Sitz. Ber. v. 21. Oct. 1861.
„ Ueber die schnellste Praxis der Auflössung der Kepler-schen Gleichung: $M = E - e \sin. E$ bei grossen Excentricitäten der elliptischen Kometenbahnen. Sitz. Ber. v. 24. März 1862.

Jos. Georg *Böhm:* Ueber einen neuen Zeitbestimmungs-Apparat, den Universalgnomon, nebst Abbildung. Sitz. Ber. v. 28. April 1862.

* Jos. Georg *Böhm:* Beschreibung der alterthümlichen Prager Rathhausuhr. Prag 1866. Mit 7 Taf. Abbild Abhandl. V. Folge. 14 Band.

Gust. *Schmidt:* Ueber astronomische Uhren mit dem Thierkreise, insbesondere über die alte Rathhausuhr zu Prag. Sitz. Ber. v. 15. März 1868.

2. Mathematik.

Kritik über: P. *Mako:* De arithmeticis et geometricis aequationum resolutionibus libri duo. Wien 1770. Gel. Nachr. II. S. 263. 306.

„ über: Joh. *Tessanek:* Quaestiones geometricae. Prag 1770. 1771. G. N. I. S. 296.

Joh. *Tessanek:* Methode, die vollkommenen Theiler einer gegebenen Zahl zu finden. 1775. Priv. Ges. I. 'B. S. 1.

„ Auszug aus dem Werke J. St., worin der Inhalt und die Fläche einiger von Cylindern auch höherer Grade abgehauenen keil- und kegelförmigen Stücke abgehandelt werden. 1775. Pr. G. I. S. 65.

„ Erklärung der Methode, kraft welcher die im Werke des Hern. Stepling (über Cylinder) enthaltenen Integralia gefunden werden. 1775. Pr. G. I. S. 109.

„ Betrachtungen über die arithmetische Regel zweier falschen Sätze. 1775. Pr. G. I. S. 125.

Jos. *Stepling:* Beweise einiger Eigenschaften des Neuners. 1775. Pr. G. I. S. 141.

Joh. *Tessanek:* Betrachtungen über einige Stellen des grossen Werkes Newton's. 1776. Pr. G. II. S. 136.

„ Algebraische Behandlung der XII. Section des 1. Buches des grossen Werkes Newton's. 1777. Pr. G. III. S. 29.

Graf Fr. *Schafgotsch:* Gesetz zur Erforschung der bekannten Pellischen Tafeln. 1782. Pr. G. V. S. 354.

Joh. *Tessanek:* Geometrische Betrachtungen. 1784. Pr. G. VI. S. 96.

Jos. *Stepling:* Anmerkungen zur Erläuterung einiger Sätze in den Anfangsgründen der höhern Mathematik des Herrn Kästner. 1784. Pr. G. VI. B. S. 240.

Joh. *Tessanek:* Betrachtungen über eine Stelle der allgemeinen Arithmetik J. Newton's. 1784. Pr. G. VI. B. S. 364.

A. *Felkel:* Verwandlung der Bruchsperioden nach den Gesezzen verschiedener Zahlensysteme. 1785. I. Folge. 1. Bd. S. 135.

Graf Fr. *Schafgotsch:* Ueber die Auflösung verschiedener Gleichungen in allen Graden. 1785. I. 1. S. 177.

Joh. *Tessanek:* Arithmetische Betrachtungen. 1786. I. 2. Bd. I. 3. S. 160.

Graf Fr. *Schafgotsch:* Ueber einige Eigenschaften der Primund zusammengesetzten Zahlen. 1786. I. 2. S. 123.

„ Abhandlung über die Berechnung der Ephemeriden. 1787. S. 201.

Frhr. J. *Pakassi:* Auflösung einiger, die Ellipse betreffenden Aufgaben. 1795. II. 2. S. 132.

J. *Pasquich:* Feste Gründe einer Exponentialrechnung. 1798. II. 3. S. 46.

* Bern. *Bolzano:* Rein analytischer Beweis des Lehrsatzes, dass zwischen je zwei Werthen, die ein entgegengesetztes Resultat gewähren, wenigstens eine reelle Wurzel der Gleichung liege. 1817. III. 5.

Joh. Jos. *Littrow:* Ueber den erweiterten Gebrauch der Multiplikationskreise. 1820. III. 7.

A. B., Wirthschaftsbeamte zu N. in Böhmen, hat die Quadratur des Cirkels aufgefunden. 1822. III. 7. S. 3—5. (Ein Brief desselben.)

Fr. *Moth:* Entwickelung eines allgemeinen Gesetzes von Umkehrung der Functionen etc. 1830. IV. 2.

* J. Ph. *Kulik:* Theorie und Tafeln der Kettenlinie. Prag 1832. IV. 3. (1833.)

* Mich. *Seidel:* Cubatur der Kegelschnittlinien nach allen drei Achsen etc. 1832. IV. 3. (1833.)

* Ad. *Bittner:* Ueber die Differenzialrechnung u. s. w. Prag 1833. IV. 4. 223 S. mit 2 Taf. Abbild.

J. Ph. **Kulik:** Einfaches Verfahren bei Zerlegung grosser Zahlen in ihre Factoren. 1841. V. 1. (1843.) S. 14. 15. 16.

„ Ueber die Bestimmung der Anzahl der Primzahlen unterhalb einer gegebenen Zahl. 1841. V. I. (1843.) S. 17.

„ Die Fehler in den Tafeln der Quadrat- und Cubik-Zahlen D. G. A. Jahn's. 1841. V. 2. (1843.) S. 19—24.

* „ Untersuchungen über die Kettenbrückenlinie. Prag 1841. V. 1. Mit 2 Tafeln.

„ Neuer analyt. Beweis des Satzes vom Parallelogramm der Kräfte. 1840. V. 1. (1841.) S. 15—17.

„ Antikritik der Kritik Doppler's über den neuen analyt. Beweis. 1840. V. 1. (1841.) S. 21.

* Chr. **Doppler:** Versuch einer analytischen Behandlung beliebig begränzter und zusammengesetzter Linien, Flächen und Körper u. s. w. 1841. V. 1. Mit 3 Taf. Abbild.

J. Ph. **Kulik:** Ueber die graphische Construction der Primzahlen. 1842. V. 2. (1843.) S. 47.

Chr. **Doppler:** Versuch einer Erweiterung der analytischen Geometrie auf Grundlage eines neu einzuführenden Algorithmus. 1843. V. 2. S. 533.

J. Ph. **Kulik:** Ueber eine neue Methode, die vollständigen Wurzeln der numerischen Gleichungen zu bestimmen. 1849. V. 6. (1851.) S. 37. 38.

Wilh. **Matzka:** Beitrag zur höhern Lehre von den Logarithmen. 1850. V. 6. (1851.) S. 44. 46. (S. Grunert's Archiv für Math. und Ph.)

J. Ph. **Kulik:** Ueber ein neues Princip, vollständige Gleichungen mit rationalen Buchstabencoefficienten etc. bestimmen zu können. 1850. V. 6. (1851.) S. 49.

Wilh. **Matzka:** Zur gründlichen Richtigstellung des Ausdruckes für das Integral der Differentialformel $\frac{dx}{x}$ 1851. V. 7. (1852.) S. 36. (S. Grunert's Arch.)

„ Versuch einer richtigen Lehre von der Realität der vorgeblich imaginären Grössen der Algebra. 1851. V. 6. S. 174.

Wilh. *Matzka:* Einige auf höhere Mathematik gegründete Untersuchungen einer bekannten Kartenkunst. Sitz. Ber. v. 10. Dec. 1855.

„ Allgemeine Theorie des Nonius an gerad- und kreisliniegen Massstäben u. s. w. Sitz. Ber. v. 14. Jan. 1856.

„ Bericht über Giesswald's Abhandlung über Justus Byrg Progresstabulen. Sitz. Ber. v. 7. April 1856.

J. Ph. *Kulik:* Ueber die Nothwendigkeit der Zerlegung der Zahlen in ihre Factoren u. s. w. Sitz. Ber. v. 30. Juni 1856.

* Wilh. *Matzka:* Ein neuer Beweis des Kräfteparallelogramms. Abhandl. 1856. V. Folge. 9. Bd.

Rud. *Skuhersky:* Ueber seine Methode der orthogonalen Projection. S. B. v. 14. Dec. 1857.

„ Anwendung der sogenannten Fehlercurven u. s. w. S. B. v. 11. Jan. 1858.

Vict. *Pierre:* Beitrag zur Lehre von Parallelogramm der Kräfte. S. B. v. 14. Juni 1858.

* Rud. *Skuhersky:* Die Methode der orthogonalen Projection u. s. w. Prag 1858. Mit 2 Taf. Abbild. Abhandl. V. Folge. 10. Bd.

Wilh. *Matzka:* Berechnung der Rauminhalte und Schwermomente solcher Körper u. s. w. S. B. v. 21. Feber. 1859.

C. *Jelinek:* Aus Jos. Popper's Abhandlung über die Methode Weddle's zur Auffindung der Wurzeln numerischer Gleichungen. S. B. v. 18. April 1859.

J. Ph. *Kulik:* Neuer Beweis des 11. Grundsatzes des Euklides. S. B. v. 30. Jan. 1860.

* „ Beiträge zur Auflösung höherer Gleichungen überhaupt u. s. w. Prag 1860. Abhandl. V. Folge. 11. Bd.

Jos. Georg *Böhm:* Ueber ein Original-Manuscript Tycho Brahe's: Canon doctrinæ Triangulorum. S. B. v. 30. Juni 1862.

* Jos. *Popper:* Beiträge zu Weddle's Methode der Auflösung numerischer Gleichungen. Prag 1861. Abhandl. V. Folge. 11. Bd.

* Vácsl. *Šimerka*: Příspěvky k neurčité analytice. V Praze 1862. Abhandl. V. 12.

Wilh. *Matzka*: Prioritäts-Reclamation des Prof. Spitzer gegen J. Popper über die Weddl'sche Methode. S. B. v. 26. Oct. 1863.

* Jos. *Machowetz*: Auflösung der Gleichungen des 2., 3. und 4. Grades. Prag 1862. Abhandl. V. Folge. 12. Bd.

Gust. *Skřiwan*: Einfacher Beweis des Gauss'schen Theorems von der Convergenz unendlicher Reihen. S. B. v. 21. Dec. 1863.

C. *Hornstein*: Bemerkungen zu Gauss Kennzeichen der Convergenz unendlicher Reihen. S. B. v. 15. Febr. 1864.

Ferd. *Lippich*: Ueber die Fresnel'sche Interpretation der imaginären Grössen. S. B. v. 21. Nov. 1864.

Heinr. *Durége*: Verfahren zur Herstellung von Modellen für die Art von Flächen, welche Riemann bei seinen Untersuchungen über die Functionen einer complexen Variabeln eingeführt hat. S. B. v. 19. Dec. 1864.

Jos. *Weselý*: Ueber elementare Bestimmung der Beharrungsmomente mittelst Anwendung von Summenreihen. S. B. v. 20. Febr. 1865.

Ant. *Grünwald*: Ueber die imaginären Grössen im Allgemeinen. S. B. v. 26. März 1865.

Fr. *Tilscher*: Ueber einige Sätze aus der descriptiven Geometrie. S. B. v. 29. Jan. 1866.

F. J. *Studnička*: Anwendung der Hesse'schen Determianten in der Theorie der Maxima und Minima von Functionen mehrer unabhängigen Variablen. S. B. v. 16. März 1868.

* Jos. *Dienger*: Die Sätze von Bärmann und Lagrange. Abhandl. VI. Folge. 2. Bd.

* Wilh. *Matzka*: Beiträge zur Lehre der universellen Summirung von Strecken, d. i. ihre Aneinanderfügung mittelst Parallelverschiebung. Mit 1 Figurentafel. Prag 1868. Abhandl. VI. 2.

* Jos. M. *Šolín*: Ueber die Normalenfläche zum dreiaxigen Ellipsoide längs einer Ellipse eines Hauptsystems. Abhandl. VI. 2.

Heinr. *Durége*: Ueber fortgesetzte Tangenten an Curven 3. Ordnung mit einem Doppel- oder Rückkehrpunkte. S. B. v. 7. Dec. 1868.

3. Physik, Optik, Mechanik.

Kritik über: Neue physikalische Belustigungen. Prag 1770. Geß. Nachr. I. S. 23. 53. 186.
„ über: Ig. *Schifermüller*: Versuch eines Farbensystems. Wien 1772. G. N. I. S. 145.
„ über die Anzahl und das Geschick der hinterlassenen Manuscripte des Naturforschers *Keppler*. G. N. II. S. 140.
Jos. *Stepling*: Vom Gefrieren des Wassers. 1776. Priv. Ges. II. S. 134.
„ Art, die Grösse und Lage der Bahn eines geworfenen schweren Punktes zu bestimmen etc. 1777. Pr. G. III. S. 50.
„ Ueber die elektrischen Ableiter. 1777. Pr. G. III. S. 284.
„ Beschreibung einer besonderen Saugmaschine. 1777. Pr. G. III. S. 286.
J. T. *Klinkosch*: Beschreibung eines Electricitätsträgers ohne Harz und Glas. 1777. Pr. G. III. S. 391.
Joh. *Mayer*: Ueber die Electricität der Vögel. 1782. Pr. G. V. S. 82.
Joh. *Tessanek*: Vergleichung der Widerstände einiger fester Körper in flüssigen Zwischenkörpern. 1785. I. Folge. 1. Band. S. 237.
Joh. *Marwan*: Eudiometrische Versuche über die Beschaffenheit und Reinigkeit des Luftkreises an verschiedenen Orten Prags, mit Anmerkungen über salpetersaure Luft. 1786. I. 2. S. 107.
K. *Castelli*: Versuch eine immerwährende Bewegung zu erhalten. 1786. I. 2. S. 118.
Joh. *Tessanek*: Einige zur Optik gehörige Aufgaben. 1768. I. 2. S. 185.
Tob. *Gruber*: Physikalische Abhandlung über die Strahlenbrechung und Abprellung auf erwärmten Flächen. 1786. I. 2. S. 298.
J. Andr. v. *Scherer*: Eudiometrische Reise im Jahre 1786. I. 3. S. 299.

Tob. *Gruber*: Eudiometrische und meteorologische Beobachtungen von der Schneekuppe bis Prag. 1787. I. Folge. 3. Bd. S. 196.

J. Andr. v. *Scherer*: Beschreibung einer eudiometrischen Geräthschaft auf physical. Reisen. 1787. I. 3. S. 228.

Graf Fr. *Hartig*: Ueber die Güte der Luft in höheren Regionen. 1787. I. 3. S. 272.

Tob. *Gruber*: Versuche über die Ausdünstung des Wassers im leeren Raume des Barometers. 1789. I. 3. S. 139.

„ Ueber die Verbesserungsart der gleicharmigen Wagen. 1789. I. 4. S. 152.

J. Andr. v. *Scherer*: Ueber die Zuverlässigkeit der Eudiometrie. 1789. I. 4. S. 268.

R. *Woltmann*: Ueber ein Instrument zur Messung des Stosses der Wasserströmung. Abhandl. 1798. II. Folge. 3. Bd. Mit einer Taf. Abbild.

Tob. *Gruber*: Ueber die Bestandtheile der Atmosphäre in Beziehung auf Dichtigkeit und Druck. 1790. II. 1. S. 187.

Fr. Jos. *Gerstner*: Vergl. der Kraft und Last bei Rädern mit Rücksicht auf die Reibung. 1790. II. 1. S. 257.

* Tob. *Gruber*: Beobachtungen auf Reisen nach dem Riesengebirge. Dresden 1791. 1. Bd.

* Fr. J. *Gerstner*: Beobachtungen auf Reisen nach dem Riesengebirge (Höhenmessungen). Dresden 1791. 1. Bd.

„ Theorie des Wasserstosses in Schussgerinnen. 1795. II. S. 179.

Tob. *Gruber*: Theorie des katoptrischen Phaenomens von Senkung und Hebung der Objecte am Horizonte. 1798. II. 3. S. 98—107. Mit 1 Taf. Abbild.

* Fr. J. *Gerstner*: Versuche über die Flüssigkeit des Wassers bei verschiedenen Temperaturen. 1798. II. 3. S. 141—160.
* „ Theorie der Wellen und Deichprofile. 1804. III. 1.
* „ Ueber die oberschlächtigen Wasserräder. 1809. III. 2.
* „ Ueber die Spirallinie der Treibmaschinen und einige dazu gehörige Verbesserungen. 1816. III. 5. Mit 2 Kupfertafeln.

„ Ueber den hydrometrischen Pendel. 1819. III. 6.

Fr. Jos. *Gerstner*: Bemerkungen über die Festigkeit, Elasticität und Anwendung des Eisens bei dem Bau der Kettenbrükken. Geles. den 14. Mai 1825. S. 1—10.
* M. A. L. *Cauchy*: Mémoire sur la dispersion de la lumiére. Publié par la société royale des sciences de Prague. 1836. 4⁰.
Gust. *Wolf*: Ueber die Galvanoplastik. 1840. Abhandl. V. 1. (1841.) S. 19.
Ferd. *Hessler*: Ueber einen elektromagnetischen Inductions-Apparat. 1840. V. 1. (1841.) S. 24—29.
„ Ueber die galvanische Kohlen-Zink-Säule des Prof. R. Bunsen. 1841. V. 1. (1843.) S. 25—28.
* Carl *Balling*: Ueber den Wärmegehalt geschmolzener Metalle. 1843. Abhandl. V. 2. S. 1.
Chr. *Doppler*: Ueber eine bei jeder Rotation des Fortpflanzungsmittels eintretende eigenthümliche Ablenkung der Luft- und Schallstrahlen. 1845. V. 3. S. 417.
„ Ueber die bisherigen Versuche des Aberrationsphänomens. 1845. V. 3. S. 747.
„ 1. Optisches Diastemometer. 2. Ueber ein Mittel, period. Bewegungen von ungemeiner Schnelligkeit noch wahrnehmbar zu machen. 1845. V. 3. S. 767.
* „ Drei Abhandlungen aus dem Gebiete der Wellenlehre. 1847. V. 4.
„ Ueber eine wesentliche Verbesserung der katoptrischen Mikroskope. 1847. V. 4. S. 91.
* Fr. Adam *Petřina*: Neue Theorie des Elektrophors und ein neues Harzkuchen-Elektroskop. Prag 1847. V. 4. S. 525.
Chr. *Doppler*: Ueber eine Construction von Boussolen ohne Declination. 1847. V. S. 15.
„ Ueber den Einfluss des Fortpflanzungsmittels auf die Erscheinung der Aether-, Luft- und Wasserwellen. 1848. V. 5. S. 293.
* „ Zwei Abhandlungen aus der Optik. 1848. V. 5. S. 389.
Fr. Ad. *Petřina*: Experimentelle Untersuchung über das Gesetz der magnetischen Fernwirkung galvanischer Ströme. 1849. V. 6. (1851.) S. 21. 23.
„ Ueber hohle Elektromagnete. 1849. V. 6. (1851.) S. 23.

Carl *Jelinek*: Ueber die Beschaffenheit und den Gang eines Aneroides. 1849. V. 6. (1851.) S. 28.
Fr. Ad. *Petřina*: Ueber die elektromagnetische Harmonica. 1852. V. 7. S. 47. 58.
„ Ueber die Wechselwirkung galvanischer Ströme und über die Art der Erschütterungen derselben im menschlichen Körper. Sitz. Ber. v. 7. März 1853. V. Folge. 8. Bd.
Jos. *Ryba*: Ueber die Prüfung des Berechnungs-Verhältnisses durchsichtiger Körper mit Hilfe des Mikroskops. S. B. v. 5. April und 2. Mai 1853. V. Folge. 8. Bd.
Fr. Ad. *Petřina*: Ueber die Verschiedenheit des Lichteindruckes dreifarbiger Scheiben, je nachdem sie nach rechts oder nach links gedreht werden — über die Nobili'schen Farbenringe — und über eine neue Vereinfachung des Telegraphirens. S. B. v. 30. Mai 1853. V. Folge. 8. Bd.
„ Ueber eine Correction bei der Bestimmung der Temperatur kleiner Flüssigkeitsmengen. S. B. v. 23. Jan. 1854.
„ Ueber die Ruhmkorff'sche Inductionsmaschine. S. B. v. 18. April 1854.
Jos. A. *Böhm*: Ueber ein neues Absehen für Barometer. S. B. v. 12. Juni 1854.
Al. *Nowak*: Kurzer Nachweis der hauptsächlichsten Gebrechen der modernen Quellentheorie. S. B. v. 15. Mai 1854.
Joh. *Czermak*: Ueber einen physicalischen Versuch bei Erhizzung eines Wasserbades. S. B. v. 15. Mai 1854.
„ Ueber die Strahlen des Lichtspectrums. S. B. v. 6. Nov. 1854.
Fr. Ad. *Petřina*: Erklärung, wie man mit dem Morse'schen Apparate bei einem Leitungsdrahte zugleich hin und her telegraphiren kann. S. B. v. 6. Nov. 1854.
„ Ueber die verbesserte Fessel'sche Rotationsmaschine. S. B. v. 23. April 1855.
„ Ueber dreierlei Stereoskope. S. B. v. 18. Juni 1855.
Carl *Kořistka*: Ueber die Breyman'sche Methode der Orientirung des Messtisches nach zwei gegebenen Punkten aus einem einzigen dritten Punkte. S. B. v. 12. Nov. 1855.

* Fr. Ad. *Petřina*: Mittheilungen aus dem Gebiete der Physik. 1855. Abhandl. V. Folge. 9. Bd. Mit 3 Figurentafeln.
J. A. *Böhm*: Einige Verbesserungen an selbstregistrirenden meteorologischen Instrumenten. S. B. v. 11. Febr. 1856.
Ph. M. *Opiz*: Ueber die etwaigen Ursachen der Ueberschwemmungen der Gebirgsflüsse u. s. w. S. B. v. 28. Juli 1856.
Carl *Kořistka*: Bemessungen der Niveaux der Umgebungen von Prag. S. B. v. 19. Jan. 1857.
„ Ueber die Niveauverhältnisse der Umgebungen von Prag. S. B. v. 16. Febr. 1857.
V. *Pierre*: Ueber seinen Apparat zur Veranschaulichung der Drehung der Schwingungsebene des Pendels beim Foucault'schen Versuche. S. B. v. 14. Juni 1858.
Joh. *Krejčí*: Die Anfragen des Prof. L. Jeitteles über Erdbeben. S. B. v. 14. Juni 1858.
V. *Pierre*: Ueber das neue Nörrenberg'sche Polarisations-Instrument. S. B. v. 21. März 1859.
Carl *Kořistka*: Ueber die neueren Planimeter und ihre Benüzzung. S. B. v. 18. April 1859.
Joh. *Purkyně*: Ueber die scheinbare Beugung gerader, in radialer Richtung bewegter Linien. S. B. v. 23. Mai 1859.
V. *Pierre*: Ueber den bekannten Leidenfrost'schen Versuch. S. B. v. 2. Jan. 1860.
J. G. *Böhm*: Ueber eine nach seiner Angabe construirte Halbsecundenuhr mit electromagnetischer Auslösung. S. B. v. 16. März 1857.
„ Ueber Compensation von Quecksilberpendeln an astronomischen Uhren. S. B. v. 20. April 1857.
V. *Pierre*: Ueber einige Versuche Melloni's, die Identität der Wärme- und Lichtstrahlen darzustellen. S. B. v. 13. Juli 1857.
J. G. *Böhm*: Ueber zwei von Hrn. Kosek nach neuem System construirte Pendeluhren. S. B. v. 13. Juli 1857.
V. *Pierre*: Ueber Dr. M. Rohrer's Autographien von Regentropfen und Schneeflocken. S. B. v. 31. Oct. 1859.
Wilh. *Matzka*: Ueber eine verallgemeinerte Sinus-Boussole. S. B. v. 31. Oct. 1859.

V. *Pierre*: Vortrag über das Bourdon'sche Metallbarometer.
S. B. v. 28. Nov. 1859.

J. Ph. *Kulik*: Ueber eine Vorrichtung, um die Thurmuhren von allen athmosphärischen Einflüssen unabhängig zu machen. S. B. v. 2. Juli 1860.

* V. *Pierre*: Ueber das Bourdon'sche Metallbarometer. Prag 1860. Mit 1 lithogr. Tafel. Abhandl. V. Folge. 11. Band.

„ Einiges über den Leitungswiderstand tropfbar flüssiger Leiter. S. B. v. 21. Jan. 1861.

Wilh. Rud. *Weitenweber*: Schreiben des Hrn. A. Křiž aus Teheran über einige Höhenmessungen u. s. w. S. B. v. 30. April 1860.

„ Ueber ein in Teheran befindliches Astrolabium von Hrn. A. Křiž. S. B. v. 4. Juni 1860.

Carl *Kořistka*: Ueber das vom Hrn. Křiž beschriebene und abgebildete Astrolabium. S. B. v. 17. Dec. 1860.

„ Ueber ein neues, von ihm construirtes Nivellir-Instrument sammt Stativ. S. B. v. 17. Dec. 1860.

* J. Ph. *Kulik*: Die Jahresformen der christlichen Zeitrechnung. Dritte, verbesserte Auflage. Prag 1861. 46 S. in 4⁰.

V. *Pierre*: Ueber das Tetrachord zur Demonstration der Gesetze der Transversal-Schwingungen gespannter Saiten. S. B. v. 29. Dec. 1862.

* J. G. *Böhm*: Beschreibung der alterthümlichen Prager Rathhausuhr. Prag 1866. Mit 7 lith. Tafeln. Abhandl. V. Folge. 14. Band.

V. *Pierre*: Ueber eine nach seiner Angabe construirte Longitudinal-Wellenmaschine. S. B. v. 18. März 1861.

* J. G. *Böhm*: Ballistische Versuche und Studien mit besonderer Rücksicht auf die neuen weittragenden Gewehre u. s. w. Prag 1861. Mit 3 Taf. Abbild. Abhandl. V. Folge. 11. Bd.

V. *Pierre*: Mittheilungen über das sogenannte unsichtbare Licht. S. B. v. 21. Oct. 1861.

„ Ueber den Einfluss der Biegung des Wagebalkens auf die Richtigkeit der Wage. S. B. v. 20. Jan. 1862.

J. G. *Böhm*: Ueber einen neuen Zeitbestimmungsapparat, den Universalgnomon; nebst Abbildung. S. B. v. 25. April 1862.

V. *Pierre*: Ueber Plateau's neuere Versuche über die Gleichgewichts-Figuren einer flüssigen Masse. Sitz. Ber. v. 30. Juni 1862.

Joh. *Czermak*: Ueber eine mittelst der Peters'schen Maschine erzeugte, auf Glas gravirte mikroskopische Schrift. S. B. v. 27. Oct. 1862.

V. *Pierre*: Ueber die Anwendung der Fluorescenz-Erscheinungen zur Erkennung von fluorescirenden Stoffen in Mischungen u. s. w. S. B. v. 24. Nov. 1862. Mit 2 Taf. Abbild.

4. Meteorologie, Erdmagnetismus etc.

Ant. *Strnad*: Witterungsbeobachtungen für das Jahr 1774. Priv. Ges. 1. Bd. S. 389.

Jos. *Stepling*: Neigung der Magnetnadel in Prag im Febr. 1775. Pr. G. 1. S. 387.

A. *Strnad*: Meteorologische Beobachtungen auf das Jahr 1775. Pr. G. II. S. 392; 1776. III. S. 406; 1777. IV. S. 349; 1778—1781. V. S. 387; 1782. VI. S. 395.

Joh. *Mayer*: Beobachtungen über das Leuchten des adriatischen Meeres. 1785. Abhandl. I. Folge. 1. Bd. S. 4.

A. *Payzy*: Ueber die sonderbaren Entzündungen im Dorfe Eminowacz in Slavonien. 1785. I. 1. S. 117.

A. *Strnad*: Beobachtungen über einige meteorologische Gegenstände, besonders über die Ebbe und Fluth in der Luft. 1785. I. 1. S. 300.

„ Meteorologische Beobachtungen auf der Prager Sternwarte im J. 1785. I. 1. Mit 4 Tafeln.

„ Meteorologische Beobachtungen auf das J. 1785. Prag 1787. I. 3. S. 233.

Tob. *Gruber*: Eudiometrische und meteorologische Beobachtungen von der Schneekuppe bis Prag. 1787. I. 3. S. 196.

A. *Strnad*: Meteorologische Resultate der in Prag und an anderen Orten in Böhmen gemachten Luftbeobachtungen etc. 1790. II. 1. S. 235.

A. *Strnad*: Resultate der 1790—1793 in Böhmen gemachten meteorologischen Beobachtungen. II. 2. S. 249.
R. v. *Landriani*: Anemometrograph, welcher auch in Abwesenheit des Beobachters die Luftveränderungen anzeigt. 1795. II. 2. S. 57.
Karl *Fritsch*: Gleichzeitigkeit der Meteorfluthen mit tiefen Barometerständen. 1841. V. 2. (1843.) S. 33—37.
„ „ Elemente zu einer Untersuchung über den Einfluss der Witterung auf die Vegetation. 1842. V. 2. (1843.) S. 51—70.
K. *Kreil*: Entstehungs- und Entwicklungs-Geschichte des magnetischen Vereins und Standpunkt Prags darin. 1843. V. 2. S. 17.
„ Versuch, den Einfluss des Mondes auf den altmosphärischen Zustand unserer Erde aus einjährigen Beobachtungen zu erkennen. 1843. V. 2. Mit einer graphischen Tafel.
„ Magnetische und geographische Ortsbestimmungen in Böhmen. 1847. V. 4. S. 381.
K. *Fritsch*: Ueber die periodischen Erscheinungen am Wolkenhimmel. 1847. V. 4. S. 548.
K. *Kreil*: Ueber eine wissenschaftliche Bereisung der österr. Monarchie zum Behufe der Erforschung des Erdmagnetismus etc. 1847. V. 5. S. 13.
„ Ueber den Einfluss, den die Alpen und Karpaten auf die Aeusserungen der magnet. Erdkraft ausüben 1849. V. 6. (1851.) S. 39.
K. *Fritsch*: Ueber die constanten Verhältnisse des Wasserstandes und der Beeisung der Moldau. 1851. V. 7. (1852.) S. 28. 29.
* „ Grundzüge einer Meteorologie für den Horizont von Prag. 1852. Abhandl. V. 7. S. 1—181.
Al. *Nowak*: Meteorologische Studie über gewisse Schlammstellen in grossen Höhen. Sitz. Ber. v. 27. Mai 1861.
„ Kritischer Commentar zu Arago's Werke über die Gewitter, nebst Schlussfolgerungen. S. B. v. 24. Juni 1861.
W. R. *Weitenweber*: Einige Parthien aus Dr. Nowak's Abhandlung über das Todte Meer und die Verdunstung. S. B. v. 25. Febr. 1862.

Al. *Nowak*: Ueber die Gewitter. S. B. v. 26. Mai 1862.

W. R. *Weitenweber*: Ueber die im verflossenen Jahre neuaufgefundene Höhle bei Němčic in Mähren, nach Dr. Wankel. S. B. v. 23. März 1863.

Al. *Nowak*: Studie über das Kaspische Meer und die Verdunstung. S. B. v. 27. Juli 1863.

C. *Amerling*: Neuerliche naturökonomische Wahrnehmungen in der sogenannten goldenen Ruthe Böhmens. S. B. v. 26. Oct. 1863.

Al. *Nowak*: Die Schwankungen des Quellen-Ergusses oder der Quellen-Ausfuhrmenge. S. B. v. 25. April 1864.

C. *Amerling*: Ueber die eigenthümlichen Naturscenerien der einzelnen Kreise Böhmens. S. B. v. 1. Mai 1865.

Ant. *Nickerl*: Mittheilungen aus seiner naturhistorischen Reise nach Siebenbürgen. S. B. v. 16. Oct. 1865.

Al. *Nowak*: Ueber die trockenen und nassen Jahre. S. B. v. 16. Oct. 1865.

Ad. *Pozdena*: Commentar zur modernen Quellentheorie. S. B. v. 20. Nov. 1865.

Fr. *Studnička*: Ueber eine eigenthümliche Wolkenform. S. B. v. 26. Febr. 1866.

Al. *Nowak*: Ueber die Natur und meteorologische Bedeutung des Grundwassers. S. B. v. 26. März 1866.

Jos. *Erben*: Ueber die Bodenplastik des sogenannten russischen Tieflandes. S. B. v. 17. Dec. 1866.

Al. *Nowak*: Ueber die Nothwendigkeit der Annahme eines allgemeinen (concentrischen) Hohlraumes zwischen der Erdrinde und dem Erdkern. S. B. v. 31. Dec. 1866.

Joh. *Schmidt v. Bergenhold*: Ueber die im 1. Halbjahre 1866 beobachteten vulcanischen Ausbrüche nächst der Insel Santorin. S. B. v. 28. Jan. u. 25. Febr. 1867.

C. *Amerling*: Ueber den tönenden Berg im Schwojker Gebirge bei Reichstadt. S. B. v. 23. April 1867.

Al. *Nowak*: Ueber die Nothwendigkeit, beim mittelländ. Meere unterirdische centripetale Abflüsse anzunehmen. S. B. v. 9. Dec. 1867.

V. *Pierre*: Untersuchungen über das Aesculin und Fraxinin, nebst den Fluorescenz-Erscheinungen des Purpurin. S. B. v. 21. Dec. 1863.

Ferd. *Lippich*: Ueber Darstellung und Anwendung der Schwingungscurven, nebst 1 Abbild. S. B. v. 27. Juni 1864.

V. *Pierre*: Ueber einige electrische Versuche Prof. Müller's in Freiburg. S. B. v. 21. Nov. 1864.

Gust. *Schmidt*: Ueber die physicalischen Constanten des Wasserdampfes. S. B. v. 20. Mai 1867.

* „ Ueber die physicalischen Constanten des Wasserdampfes. Prag 1867. Abhandl. VI. Folge. 1. Band.

E. *Mach*: Ueber die Abhängigkeit der Netzhautstellen von einander. S. B. v. 20. Jan. 1868.

Franz *Waclawik*: Andeutungen seiner Theorie über Licht, Farbe und Electricität. S. B. v. 15. März 1868.

Adalb. v. *Waltenhofen*: Ueber die bisherigen Leistungen der electromagnetischen Maschinen und die Berechnung ihrer Nutzeffecte. S. B. v. 18. Mai 1868.

Carl *Zenger*: Kurzer Bericht über einige physicalische Vorträge in der zu Norwich im Herbste 1868 stattgefundene Versammlung englischer Naturforscher. S. B. v. 12. Oct. 1868.

Al. *Nowak*: Ueber das Grundwasser im Allgemeinen und einige Messungen von Brunnen vor dem Bruskathore Prags. S. B. v. 9. Nov. 1868.

5. Chemie.

Kritik über: J. A. *Scopoli*: De Hydrargyro Idryensi tentamina physico-chymico-medica. 1771. Gel. Nachr. I. Bd. S. 185.

„ über: N. J. *Jacquin*: De acido pingui et de aëre fixo respectu calcis. Wien 1769. G. N. I. S. 218.

„ über: H. J. *Crantz*: De acido pingui et de aëre fixo respectu calcis. Leipzig 1770. G. N. I. S. 285.

„ über: J. J. *Wells*: Rechtfertigung der Blak'schen Lehre von der figirten Luft. Wien 1771. G. N. II. S. 185.

Dav. *Becher*: Neue Abhandlung vom Karlsbade. Prag 1772. G. N. II. S. 273, 286, 337.

Graf Fr. *Kinsky*: Nachricht von einigen Erdbränden im Ellbogner Kreise in Böhmen. 1776. Priv. Ges. II. S. 53.

Fr. *Dembscher*: Ob nur ein einziges saures Hauptsalz in der Natur befindlich sei? 1776. Pr. G. II. S. 98.

A. *Payzy*: Ueber die Entzündungen im Dorfe Eminowacz in Slavonien. 1785. Abhandl. I. Folge. 1. Bd. S. 137.

F. Ambr. *Reuss*: Chemische Versuche mit der Asche verschiedener Vegetabilien. 1785. I. 1. S. 130.

J. *Mayer*: Chemische Versuche mit einigen Steinarten. 1786. I. 2. S. 242.

Graf Joach. *Sternberg*: Chemische Untersuchung der Fribusser Weltaugen. 1790. Abhandl. II. Folge. 1. Bd. S. 225.

„ Zerlegung des Chrysoprasses aus der Iser. 1790. II. 1. S. 229.

Joh. Andr. *Scherer*: Ueber Gerbesäure in Pflanzenkörpern. 1804. III. 1.

Jos. v. *Freyssmuth*: Chemische Untersuchung des dichten thonigen Sphärosiderits von Radnic. III. 5. (S. Sternberg Eisengeode S. 26.)

„ Chemische Untersuchung des fasrigen Mesolithes. 1818. III. 6.

Jos. *Steinmann*: Chemische Untersuchung des Karpholiths. 1819. III. 6.

„ Chemische Untersuchung des Cronstedtits, eines neuen Fossils in Böhmen. 1820. III. 7.

Ad. *Pleischl*: Beiträge zu einer medicinischen Topographie Prags. Chemische Untersuchung der Prager Wässer. 1836. IV. 5. S. 55—156.

„ Chemische Untersuchung des Wassers im Bräuhause von Košíř bei Prag. 1841. V. 1.

„ Chemische Untersuchung des Wassers aus dem Brunnen im Karolin. 1841. V. 1.

Joh. Sv. *Presl*: Ueber die Anwendung des Kalichlorats und Schwefels zur Entdeckung der Metall-Verbindungen. 1841. V. 2. S. 32.

Jos. *Redtenbacher*: Ueber die Zerlegungsproducte des Glycerins bei erhöhter Temperatur. 1842. V. 2. S. 79.

Carl *Balling*: Ueber den Wärmegehalt geschmolzener Metalle. 1843. V. 2. S. 1.

Jos. *Redtenbacher*: Ueber die Construction des Taurins u. s. w. 1847. V. 5. S. 15. 16.

Fried. *Rochleder*: Ueber Reactionen des Caffeins. 1847. V. 5. S. 16.

Bernh. *Quadrat*: Ueber Verbindungen des Platincyanürs mit Cyanmetallen und über die Platinblausäure. 1847. V. 5. S. 16.

Baumert aus Dresden: Untersuchungen des Gentianins. 1847. V. 5. S. 16.

Arth. v. *Görgey*: Ueber die Säuren des Cocostalyns. 1847. V. 5. S. 16.

Jos. *Redtenbacher*: Analyse der altslavischen Ginecer Bronzen. 1847. V. 5. S. 22.

Bernh. *Quadrat*: Analyse des Bronzekessels der Podmokler Goldmünzen. 1847. V. 5. S. 23.

W. R. *Weitenweber*: Ueber das Satzmehl in den Zwiebeln der Fritillaria imperialis. S. B. v. 10. Juli 1854.

Frd. *Rochleder*: Chemische Untersuchung einer vom Grafen Fried. v. Berchtold aus Brasilien mitgebrachten Kielmayera. S. B. v. 22. Dec. 1856.

Aug. Em. *Reuss*: Ueber die Verschiedenheit der chemischen Zusammensetzung der Foraminiferen-Schalen. S. B. v. 23. Nov. 1859.

„ Ueber einige chemische Umbildungsproducte an celtischen Bronzealterthümern. S. B. v. 27. Febr. 1860.

Fried. *Rochleder*: Ueber eine Untersuchung der Aloë succotrina durch Hrn. Čumpelik. S. B. v. 21. Juli 1862.

Franz *Stolba*: Ueber die Bedeutung der Kieselflusssäure für die chemische Analyse. S. B. v. 25. Juli 1864.

„ Beiträge zur analytischen Chemie. S. B. v. 29. Mai 1865.

„ Ueber die Darstellung von Sauerstoffgas aus Chlorkalk. S. B. v. 18. Dec. 1865.

„ Analyse mehrer alterthümlichen Bronzeobjecte u. s. w. S. B. v. 29. Oct. 1866.

C. *Amerling*: Einige pyrochemisch interessante Schmelz- und Krystallisirungsproducte. S. B. v. 26. Nov. 1866.

Franz *Stolba*: Studien über das Kieselflnorkalium. S. B. v. 11. Nov. 1867.

„ Einige kleinere chemische Mittheilungen. S. B. v. 17. Febr. und 2. April 1868.

Wilh. Fr. *Gintl*: Ueber die Anwendung des Princips der Aräometrie bei der quantitativen Analyse. S. B. v. 20. April 1868.

6. Naturhistorisches im Allgemeinen.

Kritik über: *Biwald*: Selectæ ex amœnitatibus academicis C. Linnæi dissertationes etc. Graz 1764—1769. Gel. Nachr. I. S. 89.

„ über: Ig. *Schifermüller*: Versuch eines Farbensystems. W. 1772. G. N. I. S. 145.

„ über: A. J. *Scopoli*: Annales historiæ naturalis. Leipzig 1760—1770. G. N. I. S. 311.

„ über: Beiträge zur Wässergeschichte von Böhmen. Leipzig und Prag 1770. 1773. G. N. I. S. 364. II. S. 233.

Joh. *Mayer*: Bemerkungen über natürliche Gegenstände der Gegend um Schüttenhofen in Böhmen. 1778. Priv. Ges. IV. B. S. 132.

K. v. *Sandberg*: Versuch einer Beantwortung der von der kön. böhm. G. d. W. gegebenen, die Naturgeschichte Böhmens betreffenden Preisaufgabe. 1785. I. Folge. 1. Bd S. 1.

Graf Joh. *Sternberg*: (Naturhistorisches) Schreiben aus Komorn in Ungarn. 1785. I. 1. S. 107.

* Drei Abhandlungen über die physikalische Beschaffenheit einiger Districte und Gegenden von Böhmen, und zwar: Richter's Reichenberg, Stumpf's Rakonitzer Kreis, Wander v. Grünwald's Bunzlauer Kreis. Prag und Dresden 1786.

Joh. *Jirasek*: Versuch über die Naturgeschichte der böhm. Herrschaften Zbirow, Točnik, Königshof, Miröschau und Wosek. 1786. I. 2. S. 60.

G. *Stumpf*: Physicalisch-ökonomische Beschreibung der königl. Stadt Laun. 1787. J. 3. S. 40.

Fr. Wilib. *Schmidt*: Physicalische Beschreibung der Planer Gegend. 1789. I. 4. S. 34.

L. F. *Stoutz*: Beiträge zur Naturgeschichte von Böhmen. 1789. I. 4. S. 171.

* Beobachtungen auf Reisen nach dem Riesengebirge von Jirasek, Hänke, Gruber und Gerstner. Dresden 1791. 4°.

C. *Amerling*: Ueber naturgeschichtliche Systeme. 1852. V. 7. S. 56—58.

W. R. *Weitenweber*: Ueber die Schicksale und Verhältnisse der kais. Leopold-Carolinischen Akademie der Naturforscher. S. B. v. 15. Nov. 1852. V. Folge. 8. Bd.

7. Geologie und Mineralogie.

Kritik über: *Pazmandi*: Idea natri Hungariae nitro veterum analogi. Wien 1770. Gel. Nachr. I. S. 6. (1771.)

„ über: *Delius*: Ueber die Gebirge. Leipzig 1770. G. N. II. 220.

„ J. v. *Born*: Index fossilium. Prag 1772. G. N. II. 97.

„ J. H. *Bauer*: Von den mineral. Gesundbrunnen bei Tätschen (sic) in Böhmen. Prag 1771. G. N. II. 113.

„ über: J. A. *Scopoli*: Principia mineralogica systematica. Prag 1772. Gel. Nachr. II. 177.

Graf Fr. *Kinsky*: Schreiben au Hrn. v. Born über einige mineralogische und lithologische Merkwürdigkeiten. 1775. Priv. Ges. I. 243. — Antwort. Pr. G. I. 253.

Ign. v. *Born*: Mineralog. Bemerkungen aus den neuesten Reisebeschreibungen. 1775. Pr. G. I. 264.

„ Versuch über den Topas der Alten und den Chrysolith des Plinius. 1776. Pr. G. II. S. 1.

Dav. *Becher*: Untersuchung der neuen Sprudelquelle in Karlsbad. 1777. Pr. G. III. 55.

Ign. v. *Born*: Versuch einer Mineralgeschichte des oberösterreichischen Salzkammergutes. 1777. Pr. G. III. 166.

P. S. *Pallas*: Schreiben an Hrn. v. Born. 1777. Pr. G. III. 191.
Delius: Nachricht von ungarischen Opalen und Weltaugen. 1777. Pr. G. III. 228.
Ueber das weisse Gold oder die Platina del Pinto (Anonym). 1777. Pr. G. III. 337.
L. F. *Stoutz*: Schreiben über die Mineralgeschichte von Oesterreich unter der Enns. 1777. Pr. G. III. 291.
T. *Bergmann*: Vom Gebrauche des Löthrohres bei Untersuchung der Mineralien. 1782. Pr. G. IV. 254.
J. A. *Erlacher*: Beschreibung der Erdarten und Mineralien um Jinec im Berauner Kreise. 1782. Pr G. V. 281.
Ign. v. *Born*: Vom gediegenen Spiesglaskönig in Siebenbürgen. 1782. Pr. G. V. 383.
Graf J. Em. *Bubna*: Abhandlung über den Demant. 1784. Pr. G. VI. 112.
J. *König*: Ueber die Torferde. 1784. Pr. G. VI. 221.
J. *Jirasek*: Mineralogische Nachrichten von der Gegend von Sobrusan bei Dux. 1785. I. Folge. 1. Bd. S. 123.
„ Von dem natürl, Bittersalze zu Bilenz. 1786. I. 2. S. 9.
F. A. *Reuss*: Untersuchung des natürlichen Bitterwassers zu Witschitz in Böhmen. 1786. I. 2. S. 13.
A. G. *Werner*: Classification und Beschreibung der verschiedenen Gebirgsarten. I. 2. S. 272.
R. *Wondraschek*: Ueber einige merkwürdige Stein- und Gebirgsarten von Mähren. 1790. Abhandl. II. Folge. 3. Bd. S. 3.
A. *Gross*: Ueber ein Erdpech aus dem Karpatischen Gebirge. 1787. I. 3. S. 35.
F. Ambr. *Reuss*: Oryktographie der Gegend um Bilin. 1787. I. 3. S. 58.
„ Ueber ein natürliches mineralisches Alkali. 1787. I. 3. S. 75.
W. Fr. H.: Ueber das böhmische Salzwesen. 1787. I. 3. S. 136.
Jos. *Mayer*: Ueber die böhm. Gallmeyarten, die grüne Erde der Mineralogen, die Chrysolithen von Thein und die Steinart von Kuchel. 1787. I. 3. S. 259.
F. Ambr. *Reuss*: Beschreibung einiger Bitterwasserquellen in Böhmen. 1789. I. 4. S. 3.

F. Ambr. *Reuss*: Theorie der Bitterwasser. 1789. I. 4. S. 24.
Jos. *Mayer*: Ueber die magnetische Kraft des krystallinischen Eisensumpferzes. 1789. I. 4. S. 238.
J. T. *Lindacker*: Beschreibung einiger Topase, welche in dem Schlackenwalder Zinnstocke vorkommen. 1790. II. 1. S. 105.
„ Mineralgeschichte von Mies. 1790. Abhandl. II. Folge. 1. Bd.
* J. *Jirasek*: Beobachtungen auf Reisen nach dem Riesengebirge. Dresden 1791.
K. *Heidinger*: Etwas über den Durchgang der Blätter bei Fossilien; über Saphir, Rubin und Spinell. 1795. II. 2. S. 95.
A. *Wondraschek*: Chemische Untersuchung des krystallis. Lilaliths, Lepidoliths u. s. w. von Rožna. Abhandl. II. Folge. 3. Bd. S. 10.
Ignaz Edl. v. *Born*: Ueber die Anwendung der Conchilien- und Petrefactenkunde auf die physicalische Erdbeschreibung. 1778. Priv. Ges. IV.
Jos. *Stepling*: Frage über das Erdbeben. 1784. Pr. G. VI. S. 218.
Graf J. *Mittrowsky*: Beschreibung einiger besonderen Zufälle, die sich bei dem Erdbeben des J. 1783 in Calabrien ereignet haben. 1785. Abhandl. I. Folge. 1. Bd. S. 111.
Georg *Procháska*: Von mephitischen Luftquellen in und bei Carlsbad. 1785. I. 1. S. 21.
J. Andr. *Scherer*: Ueber die Luftart in dem warmen Karlsbader Wasser. 1785. 1. S. 37.
Graf Joh. *Sternberg*: Versuch einer Geschichte der ungarischen Erdbeben. 1786. I. 2. S. 1.
Fr. Ambr. *Reuss*: Bemerkungen auf einer Reise durch einige Gegenden des Leitmeritzer Kreises. 1786. I. 2. S. 25.
Jos. *Mayer*: Ueber die Aeolen oder luftaussto&ssenden Höhlen in Böhmen. 1786. I. 2. S. 213.
J. Andr. *Scherer*: Ueber die pflanzenähnlichen Wesen in den warmen Karlsbader und Teplitzer Wässern. 1786. I. 2. S. 254.
Fr. Ambr. *Reuss*: Oryktographie der Gegend um Bilin. 1787. I. 3. S. 58.
„ Beiträge zur Geschichte der Basalte. 1787. I. 3. S. 88.

L. F. *Stoutz*: Beiträge zur Naturgeschichte Böhmens und insbesondere zur Geschichte des Basalts (sammt dem französ. Urtexte). 1789. I. 4. S. 171.

Joh. *Mayer*: Ueber den harzigen Bestandtheil des adriatischen Meeres. 1789. I. 4. S. 234.

Fr. Ambr. *Reuss*: Bemerkungen auf einer Reise durch einen Theil des Ellbogner Kreises. 1790. II. 1. S. 209.

T. *Gruber*: Ueber die Rhomboidalschnitte in geschichteten Gebirgen. 1795. II. 2. S. 124.

A. *Miesl v. Zeileisen*: Beschreibung des Gebirges bei Přibram in Böhmen. 1790. II. 3. S. 20.

Ch. G. *Pötsch*: Kurze Darstellung über das Vorkommen des gediegenen Eisens. 1804. 8°.

Graf C. *Sternberg*: Beschreibung und Untersuchung einer merkwürdigen Eisengeode (Hausmann's dichter thonigter Sphaerosiderit), welche auf der Herrschaft Radnitz im Pilsner Kreise gefunden wurde. 1816. III. 5. Mit 4 Abbild.

J. *Steinmann*: Chemische Untersuchung des Cronstedtits, eines neuen Fossils von Přibram in Böhmen. 1820. S. 1—47.

„ Ein neues Fossil. (Kakoxen.) 1825. IV. 1. S. 1—10. (1827.)

* F. X. M. *Zippe*: Die Krystallgestalten der Kupferlasur. Prag 1830. Abhandl. IV. 3. (1833.)

Wilh. *Haidinger*: Ueber den Johannit. 1830. IV. 2.

F. X. M. *Zippe*: Böhmens Edelsteine. „Vortr." 1836. S. 21—55.

Ad. *Pleischl*: Ueber Krystallbildung durch Sonnenlicht und Sonnenwärme. 1835. „Vorträge." S. 79—88.

Graf Caspar *Sternberg*: Ueber einige Eigenthümlichkeiten der böhmischen Flora und die klimatische Verbreitung der Pflanzen der Vorwelt und Jetztwelt. 1825. IV. 1. (1827.)

Al. J. *Maier*: Geognostische Untersuchung zur Bestimmung des Alters und der Bildungsarten der Silber- und Kobaltgänge zu Joachimsthal im Erzgebirge. Prag 1830. IV. 2.

* F. X. M. *Zippe*: Uebersicht der Gebirgsformationen in Böhmen. Prag 1831. IV. 3. (1833.)

* Jos. Ed. *Hoser's*: Beiträge zur Charakterisirung des Granits aus dem Geschichtspunkte eines im Reiche der Anorganen ebenso wie in den Reichen der Organismen herrschenden Urbildungsgesetzes. Prag 1841. 4".

Ad. *Pleischl*: Ueber das Eis im Sommer zwischen den Basaltstücken bei Kameik und Leitmeritz. 1841. V. 1.

Wilh. *Haidinger*: Ueber das Vorkommen von Pflanzenresten in den Braunkohlen- und Sandstein-Gebilden des Ellbogener Kreises in Böhmen. 1841. V. 1.

A. J. *Corda*: Anatomie der Pflanzen der Vorwelt. 1841. V. 2. (1843.) S. 9.

F. X. *Zippe*: Vorkommnisse in der Steinkohlenformation des Rakonitzer Kreises. 1841. V. 2. (1843.) S. 39.

* J. Ed. *Hoser*: Der Geltschberg und das Scharkathal. 1843. Abhandl. V. 2. S. 483.

A. J. *Corda*: Ueber fossile Pflanzenreste. 1845. V. 4. (1847.) S. 16—18.

F. X. *Zippe*: Uiber einige geognostische Verhältnisse in den Gebirgszügen der Mitte Böhmens. 1847. V. 4. S. 129.

* J. Ed. *Hoser*: War Böhmen in der Urzeit ein See? Abhandl. 1848. V. 5. S. 357.

„ Können wir von unseren Forschungen über den Bau der Erde jemals ein ganz befriedigendes Ergebniss erwarten? 1848. V. 5. S. 369.

Fr. R. *Kolenaty*: Ueber Phryganiden im Bernstein. 1848. V. 6. (1851.) S. 15.

Aug. Em. *Reuss*: Ueber einen neuen (den zweiten) in Böhmen aufgefundenen Vulkan, zwischen den Dörfern Alt-Albenreuth und Boden im Egerer Bezirke. 1850. V. 6. (1851.) S. 50.

„ Ueber die Süsswasserquarze von Littmitz unweit Falkenau. 1851. V. 7. (1852.) S. 32.

Joh. *Krejčí*: Ueber die neu aufgefundenen fossilen Farrenkräuter: Alsophilina Kauniciana und Oncopteris Nettwalli. S. B. v. 10. Jän. 1853. V. Folge. 8. Bd.

Jos. K. Ed. *Hoser*: Beiträge zur Charakteristik des Granits. 1841. V. 1.

Wilh. *Haidinger*: Ueber einige neue Pseudomorphosen. 1843.
V. 2. S. 9.

Jos. K. Ed. *Hoser*: Ideen über mineralogische Körner- und Kugelbildung. 1843. V. 2. S. 522.

Wilh. *Haidinger*: Ueber die Pseudomorphosen und ihre anogene und katagone Bildung. 1845. V. 3. S. 231.

„ Ueber den durchsichtigen Andalusit von Minas Novas in Brasilien und den Diaspor von Schemnitz. 1845. V. 3. S. 261.

„ Ueber den Pleochroismus der Krystalle. 1845. S. 585. V. 3.

„ Ueber den Cordierit. 1847. V. 4. S. 239.

„ Der rothe Glaskopf, eine Pseudomorphose nach braunem. 1847. V. 4. S. 477.

F. X. M. *Zippe*: Ueber den Cornwallit, eine neue Species des Mineralreichs. 1847. V. 4. S. 647.

Wilh. *Haidinger*: Ueber das Eisenstein-Vorkommen bei Pitten in Oesterreich. 1847. V. 4. S. 655.

Fried. R. *Kolenaty*: Ueber die krystallographischen und System- (besser Projections-) Axen. 1849. V. 6. (1851.) S. 28. 29.

C. *Amerling*: Ueber das Anomale in der bisher gewöhnlichen Darstellung des hexagonalen Krystallsystems. S. B. v. 28. Nov. 1853.

W. *Hanka*: Mittheilungen über den Lapidarius aus der sogenannten Wodňaner Handschrift. S. B. v. 19. Juni 1854.

Joh. *Krejči*: Ueber den Ursprung der auf den Höhen beider Moldauufer bei Prag befindlichen Geschiebe. S. B. v. 6. Nov. 1854.

„ Theorie einer Molecular-Constitution der Krystalle nach den Gesetzen der figurirten Zahlenreihen. S. B. v. 11. Febr. u. 10. März 1856.

Aug. E. *Reuss*: Ueber die Zinkerze von Merklin und ihre pseudomorphe Bildung. S. B. v. 10. März 1856.

C. *Feistmantel*: Geognostische Skizze der Umgegend von Pürglitz. S. B. v. 17. April 1856.

Joach. *Barrande*: Parallèle entre les dépots Siluriens de Bohème et de Scandinavie. Abhandl. 1856. 1. Folge. 9. Bd.

Joh. *Krejčí*: Ueber den Zusammenhang der orographischen und geognostischen Verhältnisse Böhmens u. s. w. S. B. v. 26. Oct. 1856.

Jos. *Pečírka*: Ein in einem Hagelkorn eingeschlossenes Quarzgeschiebe. S. B. v. 16. Febr. 1857.

Aug. Em. *Reuss*: Wahrnehmungen über das Eisenerzlager bei Ouval. S. B. v. 20. April 1857.

W. R. *Weitenweber*: Ueber ein neues Bleiglanz-Vorkommen bei Pürglic. S. B. v. 14. Dec. 1857.

Joh. *Krejčí*: Einiges über die Diluvialbildungen der Umgebungen von Prag und Beraun. S. B. v. 20. Dec. 1858.

* C. *Feistmantel*: Die Porphyre im Silurgebirge von Mittelböhmen. Abhandl. V. Folge. 10. Band.

W. R. *Weitenweber*: Einige Parthien aus Feistmantel's Abhandlung über die Porphyre u. s. w. S. B. v. 27. Juni 1859.

Joh. *Krejčí*: Mittheilungen über die Resultate der geologischen Aufnahme in den Umgebungen von Prag und Beraun. S. B. v. 2. Juni 1860.

W. R. *Weitenweber*: Parthien aus einer Abhandlung C. Feistmantel's über die Steinkohlengebilde in der Umgegend von Radnic. S. B. v. 30. Juli 1860.

„ Zwei neue Vorkommnisse in den Kohlensandsteinen des Němčowicer Beckens. S. B. v. 22. April 1861.

* Carl *Feistmantel*: Die Steinkohlengebilde in der Umgebung von Radnic in Böhmen. Prag 1861. Abhandl. V. Folge. 11. Bd.

Ant. *Frič*: Ueber einen neuen Fundort von Trilobiten in den schwarzen Schiefern bei St. Benigna. S. B. v. 18. Nov. 1861.

W. R. *Weitenweber*: Kalksteinschichten in der untern Abtheilung des silurischen Gebirges von Böhmens, nach C. Feistmantel. S B. v. 27. Oct. 1862.

Joh. *Krejčí*: Ueber die Verbreitung der Komotauer und Rokycaner Schichten in den Umgebungen Prags. S. B. v. 1. Juni 1863.

W. R. *Weitenweber*: Einige Beobachtungen Feistmantel's über die Entstehung und Characteristik der Sphärosiderite. Sitz. Ber. v. 21. Dec. 1863.

Vict. Ritt. v. *Zepharovich*: Dessen krystallographische Studien über den Idokras. S. B. v. 25. Juli 1864.

Al. *Nowak*: Ueber Gr. v. Marenzi's zwölf Fragmente über Geologie u. s. w. S. B. v. 24. Oct. 1864.

V. *Pierre*: Mittheilungen über Dr. Wolf's Würfelmodelle. S. B. v. 21. Nov. 1864.

V. R. v. *Zepharovich*: Einige neue Mineralvorkommen aus Kärnten. S. B. v. 23. Jan. 1865.

W. R. *Weitenweber*: Ueber J. Barrande's Défense des Colonies. III. S. B. v. 29. Mai 1865.

* C. *Feistmantel*: Beobachtungen über die Entstehung einiger sphäridischer Gebilde im Mineralreiche. Abhandl. 1864. V. Folge. 13. Bd. Mit 2 Taf. Abbild.

V. R. v. *Zepharovich*: Mittheilungen über neue Vorkommen österreichischer Minerale. S. B. v. 20. Nov. 1865.

Joach. *Barrande's* Schreiben an Dr. Weitenweber über die Colonien. S. B. v. 26. März 1866.

V. R. v. *Zepharovich*: Ueber den Enargit von Parád u. s. w. S. B. v. 21. Jan. 1867.

C. *Amerling*: Ueber die krystallographischen Ansichten des Dr. A. J. Wolf. S. B. v. 18. April 1867.

* A. *Frič*: Die Callianassen der böhm. Kreideformation. Prag 1867. Abhandl. VI. Folge. 1. Bd. Mit 2 Taf. Abbild.

V. R. v. *Zepharovich*: Ueber den Löllingit und seine Begleiter. S. B. v. 23. April 1867.

Joh. Fried. *Schmidt v. Bergenhold*: Montan-statistische Darstellung der Bergbau-Industrie im Königreiche Böhmen u. s. w. S. B. v. 20. Mai 1867.

8. Botanik.

Kritik über: *Biwald*: Selecta ex amoenitatibus academicis C. Linnaei dissert. Graz 1764—1769. Gel. Nachr. I. S. 89. 1771.

„ über: Nic. J. *Jacquin*: Observationes botanicae. Wien 1771. G. N. I. 93.

Kritik über: Nic. J. *Jacquin*: Hortus botanicus Vindobonensis. Wien 1770. G. N, I. 351. II. 121.

„ über: J. A. *Scopoli*: Flora Carniolica. Wien 1771. G. N. II. 5.

G. S. *Helbling*: Beschreibung der in der Wiener Gegend gemeinen Weintraubenarten. Priv. Ges. 1777. III. S. 350. 1778. IV. S. 83.

Joh. *Mayer*: Abhandlung von der Pichurim-Rinde. Versuche und Beobachtungen. 1782. Pr. G. V. 66.

„ Botanische Beobachtungen. 1785. Pr. G. I. 46. 1787. III. 314.

Thad. *Hänke*: Tagebuch einer botanischen Reise im Rakonitzer und Berauner Kreise. 1786. I. Folge. 2. Bd. S. 31.

Joh. *Mayer*: Beschreibung einiger seltenen Pflanzen (Taschenkraut, Lackblume, Meersenf). 1786. I. 2. S. 235.

Thad. *Hänke*: Blumenkalender für Böhmen. 1786. I. 3. S. 94.

Joh. *Jirasek*: Blüthenkalender von 1786. Von Zbirow, Točník, Königshof und Beraun. 1787. I. 3. S. 322.

Fr. Wilib. *Schmidt*: Versuch einer Topographie der Stadt Plan nebst einer physical. Beschreibung der Gegend, besonders in Rücksicht des Pflanzesreiches. 1789. I. 4.

„ Verzeichniss der um Wosetschan und in der benachbarten Gegend an den Ufern der Moldau in Berauner Kreise wildwachsenden Pflanzen. 1790. II. 1.

Joh. *Mayer*: Beschreibung und Abbildung einer seltenen Art Huflattig. 1790. II. 1. S. 207.

* Thad. *Hänke*: Beobachtungeu auf Reisen nach dem Riesengebirge. Dresd. 1791.

G. *Stumpf*: Die nordamerikanischen Bäume in der böhmischen Landwirthschaft, besonders im Schlossgarten zu Lahua. 1795. II. 1. S. 97.

F. W. *Schmidt*: Botanische Bemerkungen. 1795. II. 2. S. 40.

Jos. *Mayer*: Ueber ein neues elastisches Harz aus Madagaskar. 1795. II. 2. S. 164.

* Joh. Em. *Pohl*: Tentamen Florae Bohemiae. Prag. I. Bd. 1809. II. Bd. 1814.

* Graf Casp. *Sternberg*: Abhandlung über die Pflanzenkunde in Böhmen. Prag 1817. 2. Abth. 1818. Abhandl. III. Folge. 6. Bd.
„ Ueber einige Eigenthümlichkeiten der böhm. Flora und die climatische Verbreitung der Pflanzen der Vorwelt und Jetztwelt 1825. IV. 1. (1827.)
* C. Bor. *Presl*: Prodromus Lobeliacearum. Abhdl. 1837. IV. 4.
„ Tentamen Pteridographiae seu genera Filicacearum. 1837. V. 5. S. 156—290. Mit 12 Taf. Abbild.
* „ Bemerkungen über den Bau der Balsaminen. 1837. IV. 5.
Joh. Svat. *Presl*: Ueber die Frucht einer neuen Species aus der Gattung Trapa. 1842. V. 2. (1843) S. 45.
Karl *Fritsch*: Elemente zu einer Untersuchung über den Einfluss der Witterung auf die Vegetation. 1842. V. 2. (1843.) S. 51—70.
C. Bor. *Presl*: Kritik über die vom Hofrath Mayer ao 1785 und 1786 beschriebenen Pflanzen. 1843. V. 3. (1845.) S. 16—20.
* „ Hymenophyllaceae. 1845. Abhandl. V. 3. Mit 12 Taf. Abbild.
* „ Botanische Bemerkungen. 1845. Abhandl. V. 3.
F. X. *Fieber*: Ueber die wilden Apfelarten (nach Joh. Pfund). 1846. V. 5. (1847.) S. 9—12.
K. *Fritsch*: Ueber die periodischen Erscheinungen im Pflanzenreiche. 1847. V. 4. S. 1.
* C. B. *Presl*: Supplementum tentaminis Pteridographiae. 1847. Abhandl. V. 4. S. 261.
* „ Die Gefässbündel im Stipes der Farren. 1848. V. 5. S. 307.
K. *Fritsch*: Ueber die Pflanzen, deren Blumenkronen sich täglich periodisch öffnen und schliessen. 1849. V. 6. (1851.) S. 29—31, 33, 35, 36.
F. X. *Fieber*: Ueber eine Wucherung bei Anemone nemorosa und Abnormität bei Anemone triloba. 1850. V. 6. (1851.) S. 42. 43.
* C. B. *Presl*: Epimeliae botanicae 1851. V. 6. Mit 15 Taf. Abbild.
Ph. M. *Opiz*: Ueber Veronica Lappago Schmidt. Abhandl. V. Folge. 7. Bd. S. 33.

Ph. M. *Opiz*: Ueber das natürliche Pflanzensystem des Professors Ig. Tausch. 1851. V. 7. (1852.) S. 36. 37.

* C. *Fritsch*: Resultate mehrjäriger Beobachtungen über jene Pflanzen, deren Blumenkronen sich täglich periodisch öffnen und schliessen. Abhandl. 1852. V. 7. S. 216—425.

Ph. M. *Opiz*: Uebersicht des Systems der Compositen des Prof. Tausch. 1852. V. 7. S. 46.

H. v. *Leonhardi*: Mittheilungen über die botanische Section der Naturforscher-Versammlung zu Wiesbaden im Herbste 1852. Sitz. Ber. v. 18. Oct. u. 15. Nov. 1852. V. Folge. 8. Bd.

Friedr. Graf v. *Berchtold*: Ueber die altindische Pflanze Durva. S. B. v. 13. Nov. 1852. V. 8.

Joh. Er. *Woçel*: Ueber die Venetianer Handschrift: Benedicti Rinii Veneti liber de simplicibus vom J. 1415, die eine Beschreibung von 432 Medicinalpflanzen enthält. S. B. v. 20. Dec. 1852. V. 8.

Ph. M. *Opiz*: Ueber des Hrn. Pfarrers Carl zu Fugau Verzeichniss der im Nordwesten Böhmens wildwachsenden Pflanzen. S. B. v. 3. April 1853. V. 8.

W. R. *Weitenweber*: Ueber die vier codices manuscripti „Macri de virtutibus herbarum" in der Prager kais. Bibl. und über den Codex des M. Joh. Šindel vom Jahre 1424. S. B. v. 27. Juni 1853. V. 8.

Joh. *Zobel*: Ueber den Verlauf, die Anordnung und Vertheilung der fälschlich „Nerven" genannten Gefässe in den Blättern und blattartigen Organen der Pflanzen. S. B. v. 27. Juni 1853. V. 8.

„ Ueber das Verfahren, die Milchsaftgefässe der Schwämme unzweifelhaft nachzuweisen. S. B. v. 31. Oct. 1853. V. 8.

Ph. M. *Opiz*: Ueber die Nothwendigkeit einer neuen Abtheilung der Gattung Gnaphalium durch Abtrennung der „Filaginella" in ihren drei Arten. S. B. v. 23. Jan. 1854. V. 8.

W. R. *Weitenweber*: Ueber die Bastardformen im Pflanzenreiche und insbesondere jene der Gattung Salix. S. B. v. 20. Febr. 1854. V. 8.

Ph. M. *Opiz*: Die böhmischen Arten von Trapa. S. B. v. 20. März 1854.

W. R. *Weitenweber*: Ueber das Satzmehl in den Zwiebeln der Fritillaria imperialis. S. B. v. 10. Juli 1854.

Fr. Vinc. *Kosteletzky*: Kurze Mittheilungen über eine im Herbste 1854 unternommene Alpenreise. S. B. v. 2. Jan. 1855.

W. R. *Weitenweber*: Ueber die böhmischen Pulsatillen und P. Breynii. S. B. v. 29. Jan. 1855.

Herm. v. *Leonhardi*: Ueber mehrere interessante Abnormitäten bei Tulpen. S. B. v. 21. Mai 1855.

C. *Amerling*: Ueber parasitische Wurzeln im Allgemeinen und insbesondere bei Rhinanthus minor, Melampyrum arvense etc. S. B. v. 16. Juli 1855.

„ L. Kirchner's Ansicht über die Kartoffelkrankheit durch Erisybe subterraneum Wallr. S. B. v. 12. Nov. 1855.

„ Beobachtungen einer eigenthümlichen Kartoffelkrankheit, der Eintrocknung. S. B. v. 10. Dec. 1855.

W. R. *Weitenweber*: Ueber das Prachtwerk: Physiotypia plantarum austriacarum. S. B. v. 5. Mai 1856.

„ Ueber eine vom Hrn. Grafen Berchtold aus Brasilien mitgebrachte Kielmayera. S. B. v. 24. Nov. 1856.

Joh. *Palacký*: Ueber die geographische Verbreitung einiger Pflanzenfamilien, insbesondere in der antarktischen Flora. S. B. v. 18. Mai 1857.

Ph. M. *Opiz*: Ueber Trapa acutispinosa. S. B. v. 15. Juni 1857.

C. *Amerling*: Ueber die Siechperiode der Birken in den Kundraticer Waldungen. S. B. v. 19. Oct. 1857.

Herm. v. *Leonhardi*: Schimper's Ansicht über Wurzel, Wurzelstock und Stengel. S. B. v. 17. Nov. 1857.

W. R. *Weitenweber*: Einiges über die Agave americana. S. B. v. 12. April 1858.

Joh. *Palacky*: Ueber Pflanzengeographie im Allgemeinen. S. B. v. 12. April 1858.

C. *Amerling*: Wechselnde Landschaftsbekleidung in der Gegend von Diwišow u. s. w. S. B. v. 14. Juni 1858.

„ Ueber den Naturhaushalt der Wiesen. S. B. v. 23. Mai 1859.

W. R. *Weitenweber*: Morphologisches an den Blättern der Syringa vulgaris. S. B. v. 15. Juli 1859.

Herm. v. *Leonhardi*: Die Wiederauffindung der Chara tenuispina A. Braun durch Dr. C. Schimper. S. B. v. 27. Febr. 1860.

C. *Amerling*: Bemerkungen über die naturökonomischen Verhältnisse des Hopfens u. s. w. S. B. v. 19. Nov. 1860.

„ Ueber die sogenannte Goldene Ruthe Böhmens bei Pardubic und ihren Hirsebau. S. B. v. 21. Jan. 1861.

Joh. *Palacky*: Ueber die geographische Verbreitung der Pflanzen im südlichen Theile von Nordamerika. S. B. v. 18. Febr. 1861.

Herm. v. *Leonhardi*: Vorzeigung einiger selteneren Pflanzenarten und morphologischen Abnormitäten. S. B. v. 21. Oct. 1861.

Joh. *Palacky*: Ueber die geographische Verbreitung der Ranunculaceen. S. B. v. 19. Dec. 1861.

„ Ueber das Verhältniss der Flora der Alpen und Anden zu jenem des Tieflandes. S. B. v. 25. Febr. 1862

W. R. *Weitenweber*: Polonio's Forschungen über die weiblichen Blütchen des Arum italicum Lam. S. B. v. 24. März 1862.

Herm. v. *Leonhardi*: Morphologische Mittheilungen über Tulpenbildungen. S. B. v. 28. April 1862.

C. *Amerling*: Ueber die Weinreben und den Weinbau Oesterreichs überhaupt und Böhmens insbesondere. S. B. v. 23. Febr. 1863.

Herm. v. *Leonhardi*: Die in Böhmen vorkommenden Characeen. S. B. v. 27. April 1863.

„ Einige Beiträge zur Morphologie der Pflanzen, namentlich der Rosen. S. B. v. 27. Juli 1863.

W. R. *Weitenweber*: Ueber das Vorkommen von Ueberresten vorweltlicher Baumstämme bei Bŕas, nach C. Feistmantel. S. B. v. 23. Nov. 1863.

Joh. *Palacky* Ueber die Verbreitungsgesetze der Pflanzen Australiens. S B. v. 23. Nov. 1863.

C. *Amerling*: Ueber die wissenschaftlichen Grundlagen der Pomologie. S. B. v. 14. März 1864.

Herm. v. *Leonhardi*: Ueber einige Blattmissbildungen. S. B. v. 27. Juni 1864.

Lad. *Čelakowský*: Die böhmischen Arten der Gattung Orobanche. S. B. v. 25. April 1864.

Joh. *Palacky*: Ueber die Monographie Decandolle's über den Speciesbegriff. S. B. v. 19. Dec. 1864.

W. R. *Weitenweber*: Ein Schreiben Prof. Göppert's über die fossilen Baumstämme von Bŕas. S. B. v. 20. Febr. 1865.

„ Ueber Feistmantel's Beiträge zur Steinkohlenflora bei Radnic. S. B. v. 20. März 1865.

Herm. v. *Leonhardi*: Neuere Vorkommen einiger böhmischen Characeen. S. B. v. 29. Mai 1865.

* Joh. *Palacky*: Pflanzengeographische Studien. 1. Erläuterungen zu Hooker und Bentham Genera plantarum. Prag 1864. Abhandl. V. Folge. 13. Bd.

Herm. v. *Leonhardi*: Aus einem Schreiben Dr. Herbich's über galizische Characeen. S. B. v. 3. Juli 1865.

„ Bemerkungen über eine morphologisch interessante Rosenblüthe. S. B. v. 3. Juli 1865.

C. *Amerling*: Ueber den Naturcomplex der Centaurea Cyanus. S. B. v. 31. Juli 1865.

„ Ueber die physiocratisch richtige Anlegung von Eschenhainen. (Ebendaselbst.)

Lad. *Čelakovský*: Beobachtung der an Carea sich kundgebenden morphologisch-biologischen Gesetze. S. B. v. 18. Dec. 1865.

W. R. *Weitenweber*: Ueber Dr. W. Streinz's Manuscript: Iconographia bryologica. S. B. v. 23. April 1867.

„ C. Feistmantel's Bemerkungen über einige interessante Petrefacte aus den Steinkohlenbecken von Radnic. S. B. v. 17. Juni 1867.

C. *Amerling*: Ueber Naturcomplexe einiger Nutzpflanzen, insbesondere des Weinstockes. S. B. v. 17. Febr. 1868.

Lad. *Čelakovský*: Ueber die allgemeine Entwickelungsgeschichte des Pflanzenreiches. S. B. v. 16. März 1868.

C. *Amerling*: Naturökonomische und physiokratische Forschungen in der Umgegend von Brandeis und Altbunzlau. S. B. v. 12. Oct. u. 9. Nov. 1868.

* C. *Feistmantel*: Beobachtungen über einige fossile Pflanzen aus den Steinkohlenbecken von Radnic. Prag 1868. Mit 2 Taf. Abbild. Abhandl. VI. Folge. 2. Bd.

9. Zoologie.

Kritik über: A. *Janscha*: Vom Schwärmen der Bienen. Wien 1771. Gel. Nachr. I. 234.

Lommer: Beschreibung der versteinerten Thierzähne bei Lissa in Böhmen. 1776. Priv. Ges. II. Bd. S. 112.

G. S. *Helbling:* Beiträge zur Kenntniss neuer und seltener Conchylien. 1788. Pr. G. IV. 102.

Joh. *Mayer*: Abhandlung von den Würmern der Menschen. 1782. Pr. G. V. 77.

„ Einige Bemerkungen über die Elektricität der Vögel. 1782. Pr. G. V. 82.

Jos. *Mayer*: Beschreibung des Mäusehabichts. 1784. Pr. G. VI. 313.

K. v. *Sandberg*: Naturgeschichte der Schildlaus des Rosenstrauches. 1784. Pr. G. VI. 317.

Georg *Procháska*: Mikroskopische Beobachtungen über einige Räderthiere. 1786. I. 2. S. 227.

M. E. *Bloch*: Ueber zwei merkwürdige Fischarten (Stachelrükken und gehörnten Wels). 1787. I. 3. S. 278.

Fr. Wilib. *Schmidt*: Ueber die böhmischen Schlangenarten. 1789. I. 4. S. 81.

M. E. *Bloch*: Charakter und Beschreibung der Papagei-Fische. 1789. I. 4. S. 242.

J. T. *Lindacker*: Systematisches Verzeichniss der böhmischen Amphibien. 1790. II. 1. S. 109.

Jos. *Mayer*: Beschreibung einer neuen Fischart aus den böhm. Gebirgen. 1790. II. 1. S. 275.

Joach. A. *Spalovský*: Beschreibung und Abbildung des Ramphastos viridis und Momota Lin. 1795. II. S. 172.

Georg *Procháska*: Nähere Berichtigung der in den Wasserblasen der Leber wohnenden Würmer. 1795. II. 2. S. 18.

Joh. Chr. *Mikan*: Entomologische Beobachtungen, Berichtigungen und Entdeckungen. 1798. II. 3. S. 108.

A. A. *Clausnitz*: Bemerkungen über die narkotische Kraft der Coccinella septempunctata L. 1803. III. 1.

* Jos. *Hyrtl*: Lepidosiren paradoxa. Monographie. 1845. V. 3. S. 605. Mit 5 Taf. Abbild.

Fr. Xav. *Fieber*: Ueber die Gruppe der Sciocoridea. 1846. V. 4. (1847.)

„ Monographie der Gattung Oxycarenus Fab. 1846. V. 4. (1847.) S. 22. 29.

* „ Entomologische Monographien. 1847. Abhandl. V. 3. Mit 10 Taf. Abbild.

* Ign. *Hawle* und Aug. Jos. C. *Corda*: Prodrom einer Monographie der böhmischen Trilobiten. 1848. Abhandl. V. 5. Mit 7 Taf. Abbild.

Fr. *Kolenaty*: Ueber die Dermaptern. 1848. V. 6. (1851.) S. 12, 14, 15.

„ Ueber Phryganiden im Bernstein. 1848. V. 6. (1851.) S. 15.

Fr. Xav. *Fieber*: Systematische Reihe europäischer Gradflügler (Orthoptera Oliv.) 1848. V. 6. (1851.) S. 15 - 18.

Joh. Ev. *Purkyně*: Ueber die innere Faserung des Herzens der Säugethiere. 1850. V. 6. (1851.) S. 55.

* Fr. A. *Kolenaty*: Genera et species Trichopterorum. 1851. Abhandl. V. 6. Mit 3 Taf. Abbild.

* Fr. X. *Fieber*: Genera Hydrocoridum secundum ordinem naturalem in familias disposita. 1852. Abhandl. V. 7. S. 181— 213. Mit 4 Taf. Abbild.

* „ Species generis Corisa monographice dispositae. 1852. V. 7. S. 213—216. Mit 2 Taf. Abbild.

* „ Rhynehotographien. Drei monographische Abhandlungen. 1852. Abhandl. V. Folge. 7. Bd.

* Aug. E. *Reuss:* Loliginidenreste in der Kreideformation. Mit 1 Taf. Abbild. Abhandl. 1853. V. Folge. 8. Bd.
J. Ev. *Purkyně:* Ueber das Genus Prosopistoma Latr. und dessen Vorkommen bei Prag. S. B. v. 9. Oct. 1854.
C. *Amerling:* Ueber die biologische Anordnung der Wirbelthiere. S. B. v. 26. Febr. 1855.
Fr. *Stein:* Ueber einige parasitische Infusionsthiere und ihren Bau. S. B. v. 24. Nov. 1856.
„ Ueber die Gattungen der Süsswasser-Rhizopoden. S. B. v. 19. Jan. 1857.
Herm. v. *Leonhardi:* Allgemeine Vorbetrachtungen über die Möglichkeit einer Thier- und Pflanzensystematik. S. B. v. 18. Mai u. 15. Juni 1857.
Fr. *Stein:* Ueber die von ihm in der Ostsee bei Wismar beobachteten Infusorienformen. S. B. v. 19. Oct. 1857.
„ Ueber mehrere neue im Pansen der Wiederkäuer lebende Infusionsthiere. S. B. v. 8. März 1858.
* Ludw. *Zeuschner:* Paläontologische Beiträge zur Kenntniss des weissen Jurakalkes von Inwald bei Wadowice. Prag 1857. Abhandl. V. Folge. 10. Bd. Mit 4 Taf. Abbild.
Fr. *Stein:* Ueber die geschlechtliche Fortpflanzung der Infusorien. S. B. v. 12. Juli 1858.
C. *Amerling:* Ueber die Asynapta lugubris Winn. als Feindin der Pflaumenbäume. S. B. v. 20. Dec. 1858.
W. R. *Weitenweber:* Einiges über die Höhlenfauna Mährens nach Jul. Müller. S. B. v. 24. Juni 1859.
C. *Amerling:* Ueber einige den Obstbäumen schädliche Insecten. S. B. v. 21. Febr. 1859.
Joh. *Krejčí:* Ueber einen Amphipoden im Steinkohlenschieferthon der Dibřimühle. S. B. v. 21. März 1859.
Joh. Ev. *Purkyně:* Ein bisher bei Schnecken noch nicht bekannt gewesenes Capillargefässsystem. S. B. v. 27. Juni 1859.
C. *Amerling:* Ueber mehrere parasitische Insecten in physiokratischer Hinsicht. S. B. v. 25. Juli u. 31. Oct. 1859.
Aug. E. *Reuss:* Ueber die chemische Zusammensetzung der Foraminiferenschalen. S. B. v. 28. Nov. 1859.

Fr. *Stein:* Einige seiner neuesten Entdeckungen in der Infusorienkunde. S. B. v. 28. Nov. 1859.

C. *Amerling:* Abermals einige der Vegetation in der Prager Umgegend schädliche parasitische Thierchen. S. B. v. 2. Jan. 1860.

Aug. E. *Reuss:* Ueber Lingulinopsis, eine neue Foraminiferen-Gattung aus den böhmischen Plänen. S. B. v. 30. Jan. 1860.

Fr. *Stein:* Ueber Leucophrys patula Ehrb. und über zwei neue Infusorien-Gattungen Gyrocoris und Lophomonas. S. B. v. 27. Febr. 1860.

Aug. E. *Reuss:* Ueber die Foraminiferen aus der Familie der Poneropliden. S. B. v. 12. März 1860.

Joh. *Palacky:* Einige Mittheilungen aus dem Gebiete der naturhistorischen Geographie. S. B. v. 12. März 1860.

Aug. E. *Reuss:* Ueber die Frondiculariden, eine Familie der polymeren Foraminiferen. S. B. v. 30. April 1860.

Fr. *Stein:* Ueber den eigenthümlichen Bau der Epithelzellen der Darmschleimhaut, namentlich bei Insecten. S. B. v. 4. Juni 1860.

C. *Amerling:* Éigenthümliche Milbenkrankheit unter dem Getreide in der Umgegend von Prag. S. B. v. 2. Juli 1860.

V. *Pierre:* Ueber die Entstehung des Netzhautbildes bei den zusammengesetzten Augen der Gliederthiere. S. B. v. 30. Juli 1860.

Aug. E. *Reuss:* Ueber Ataxophragmium, eine neue Foraminiferen-Gattung aus der Familie der Uvellideen. S. B. v. 17. Dec. 1860.

Friedr. *Stein:* Ueber die Eintheilung der holotrichen Infusionsthiere, nebst einigen neuen Gattungen und Arten. S. B. v. 17. Dec. 1860.

Aug. E. *Reuss:* Neuere Untersuchungen über die Fortpflanzung der Foraminiferen. S. B. v. 21. Jan. 1861.

„ Ueber eine neue Foraminiferen-Gattung Haplostiche. S. B. v. 21. Jan. 1861.

Fr. *Stein:* Ueber ein von ihm im Darmcanal der Regenwürmer aufgefundenes neues Infusionsthierchen. S. B. v. 18. März 1861.

Fr. *Stein:* Ueber Mermis albicans Ptychostomum paludinarum u. a. m. S. B. v. 24. Juni 1861.

Aug. E. *Reuss*: Ueber eine neue Foraminiferen-Gattung Schizophora. S. B. v. 22. Juli 1861.

W. R. *Weitenweber*: Historische Mittheilungen über die silurische Fauna Böhmens, insbesondere die Trilobiten. S. B. v. 22. Juli 1861.

A. *Frič*: Ueber Spuren thierischen Lebens in den Kieselschiefern der böhmischen Silurformation. S. B. v. 22. Juli 1861.

C. *Amerling*: Ueber die Naturökonomie der Milben, insbesondere der Trombidien. S. B. v. 18. Nov. 1861.

A. *Frič*: Ueber einen neuen Fundort von Trilobiten in den schwarzen Schiefern bei St. Benigna. S. B. v. 18. Nov. 1861.

Fr. *Stein*: Ueber die Conjugation der Infusionsthiere und über die geschlechtliche Fortpflanzung der Stentoren. S. B. v. 19. Dec. 1861.

Joh. *Palacky*: Einige Betrachtungen über die Fischfauna Nordamerikas. S. B. v. 19. Dec. 1861.

W. R. *Weitenweber*: Ueber die Schmarotzerthiere der Bienen und Hummeln, nach L. Kirchner. S. B. v. 20. Jan. 1862.

Fr. *Stein*: Kritische Besprechung der Infusorien-Abhandlungen von E. Erhard und A. Wrzesniowski. S. B. v. 28. April 1862.

C. *Amerling*: Beobachtungen über die ersten Stände und die Parthenogenese des Tetranychus telarius, ferner über Demodex hominis. S. B. v. 28. April 1862.

„ Ueber den Kehricht der Bienenstöcke als Nosometer u. s. w. S. B. v. 28. Juli 1862.

W. R. *Weitenweber*: Briefliche Mittheilung Hrn. Jos. Peyl's über eine muthmasslich neue Gregarinen-Form. S. B. v. 24. Nov. 1862.

C. *Amerling*: Naturökonomische Bemerkungen über einige parasitische Thierchen. S. B. v. 29. Dec. 1862.

Joh. *Czermak*: Beobachtung einer lebenden Nematode in einer lebenden Muskelfaser des Frosches. S. B. v. 26. Jan. 1863.

C. *Amerling*: Einiges über die Systematik der Varietäten einer Naturspecies. S. B. v. 1. Juni 1863.

Joh. *Czermak*: Ueber das Bell'sche Gesetz, die Functionen der Rückenmarkstränge (beim Frosche) betreffend. S. B. v. 26. Oct. 1863.

Fr. *Stein*: Ueber den Proteus tenax v. Müll. und über die Infusoriengattungen Distigma Ehrb. und Epiclintes Stein. S. B. v. 18. Jan. 1864.

W. R. *Weitenweber*: Ueber ein Verzeichniss der böhmischen Acariden nach ihren natürlichen Standörtern von L. Kirchner. S. B. v. 15. Febr. 1864.

„ Ueber C. Sundewall's Buch: Die Thierarten des Aristoteles u. s. w. S. B. v. 14. März 1864.

C. *Amerling*: Einiges über die Vorzüge der italienischen und dalmatinischen Biene. S. B. v. 25. April 1864.

„ Neuentdeckte schädliche Pflanzenparasiten. S. B. v. 27. Juni 1864.

Ant. *Frič*: Ueber Spuren von thierischem Leben im sogenannten Urgebirge Böhmens. S. B. v. 24. Oct. 1864.

Fr. Ant. *Nickerl*: Ueber den neuen Getreideschädling Gelechia cerellela Oliv. S. B. v. 23. Jan. 1865.

Ant. *Frič*: Eine fossile Heuschrecke in der sogenannten Froschkohle von Freudenheim. S. B. v. 23. Jan. 1865.

C. *Amerling*: Ueber Kirchner's Präparate zoologischer Gegenstände. S. B. v. 31. Juli 1865.

Fr. *Čupr*: Ueber Reaumur's Versuche von künstlicher Ausbrütung der Eier mittelst der Düngerwärme. S. B. v. 29. Jan. 1866.

Ant. *Frič*: Vorläufige Notiz über das bei Raspenau in Böhmen aufgefundene Eozoon canadense. S. B. v. 29. Jan. 1866.

„ Ueber das Vorkommen des Eozoon canadense im nördlichen Böhmen. S. B. v. 26. Febr. 1866.

„ Paläozoologische Notizen über die Diluvialperiode in Böhmen. S. B. v. 11. Nov. 1867.

C. *Amerling*: Naturökonomisches über die wattewebenden Elsenraupen u. s. w. S. B. v. 15. März 1868.

10. Anatomie, Physiologie, Pathologie etc.

Kritik über: A. A. *Brunner*: Von der Hervorbrechung der Milchzähne. Wien 1771. Gel. Nachr. I. S. 108.

„ über: J. J. *Plenck*: Ueber einige Gegenstände der Wundarzneikunst. Wien 1769—1770. G. N. I. 241.

„ über: Th. *Bischoff*: De pulsu senum. Wien 1771. G. N. I. 271.

„ über: M. *Hansa*: Num jam verus usus pulmonis notus sit. Prag 1771. G. N. I. 300.

„ über: P. J. *Gruber*: De excessu vis vitatis vasorum etc. Prag 1772. G. N. II. 76.

„ über: J. B. H. *Fauken*: Das Fäulungsfieber in Wien im Jahre 1771. 1772. G. N. II. 93.

„ über: D. *Becher*: Neue Abhandlung vom Karlsbade. Prag 1772. G. N. II. 273, 286, 337.

J. T. *Klinkosch*: Ueber den thierischen Magnetismus und die sich selbst wieder ersetzende elektrische Kraft. Prag 1776. Priv. Ges. II. S. 171.

Joh. *Mayer*: Von den Würmern der Menschen. 1782. Pr. G. V. S. 77.

Jos. *Mayer*: Ueber die Unverweslichkeit menschlicher Körper. 1782. Pr. G. V. S. 323.

„ Von verschiedenen Knochen nicht einheimischer Thiere, so in Böhmen gefunden werden. 1784. Pr. G. VI. S. 260.

Georg *Procháska*: Beobachtungen bei der Zergliederung eines Meerkalbes. 1785. I. Folge. 1. Bd. S. 13.

„ Beschreibung zweier im Becken vereinigter Missgeburten. 1786. I. 2. S. 218.

„ Von einer widernatürlichen Beschaffenheit der Harnblase und den Geburtstheilen eines Kindes. 1787. I. 3. S. 283.

„ Zergliederung eines menschlichen Cyklopen. 1789. I. 4. S. 230.

Fr. W. *Morawetz*: Untersuchung eines Steines aus dem Speichelgange. 1789. I. 4. S. 24.

Georg *Procháska*: Nähere Berichtigung der in den Wasserblasen der Leber wohnenden Würmer. 1795. II. 2. S. 18.

* Jul. Vinc. *Krombholz*: Anatomische Beschreibung eines Anencephalus. 1830. IV. 2. Mit 2 Kupfertafeln.
Ferd. *Hessler*: Ueber einen electrischen Inductionsapparat und dessen physiologische Wirkungen. S. B. v. 17. Febr. 1840. V. Folge. 1. Bd. S. 24.
Jos. *Jungmann*: Navedení hvězdářsko-lékařské. 1843. V. 2. S. 192.
* W. *Gruber*: Beiträge zur Anatomie, Physiologie und Chirurgie. I. Abtheilung. V. Folge. 4. Bd. II. Abtheil. 1848. V. Folge. 5. Bd. S. 65.
Joh. Ev. *Purkyně*: Ueber die innere Faserung des Herzens der Säugethiere. 1850. V. 6. (1851.) S. 55.
W. R. *Weitenweber*: Ueber die Bubonen-Pest in Böhmen, im Jahre 1713—1714. Prag 1851. V. 7. (1852.)
Joh. Ev. *Purkyně*: Ueber eine neue Methode, das Nervensystem nach seinen Structur-Verhältnissen zu untersuchen. 1852. V. 7. S. 55. 56.
W. R. *Weitenweber:* Einiges über des Marsilius Ficinus Werk: De vita studiosorum. S. B. 1852. V. 7.
* „ Mittheilungen über die Pest zu Prag in den Jahren 1713—1714. Abhandl. 1852. V. 7. S. 25—57.
Joh. Ev. *Purkyně*: Ueber eine eigenthümliche histologische Formation an der inneren Fläche der Herzkammer pflanzenfressender Säugethiere. S. B. v. 25. Juli 1853. V. 8.
„ Ueber das Verschwinden der Gegenstände an der Eintrittsstelle des Gesichtsnerven. S. B. v. 27. Dec. 1853. V. 8.
„ Ueber das Krummerscheinen von weissen geraden Stäben oder gerade gespannten Schnüren, wenn sie in einer gewissen Nähe des Auges vom Centrum des Gesichtsfeldes gegen die Peripherie mit mässiger Geschwindigkeit bewegt werden. S. B. v. 20. Febr. 1854. V. 8.
* W. R. *Weitenweber*: Ueber des Marsilius Ficinus Schrift: Libri tres de vita studiosorum nebst einigen Bemerkungen über den Hellenismus. 1855. Abhandl. V. 7.
Joh. Ev. *Purkyně*: Einleitung zu einer grösseren Abhandlung über die Physiologie der Sprache. S. B. v. 26. Febr. und 5. März 1855.

Joh. Ev. *Purkyně:* Optische Theorie und Gebrauch des Hasner'schen Augenspiegels. S. B. v. 12. Nov. 1855.

W. Fr. *Volkmann:* Ueber den Schmerz, vom Standpuncte der physiologischen Psychologie betrachtet. S. B. v. 21. April 1856.

W. *Staněk:* Neuere Wahrnehmungen Barry's aus dem Gebiete der Entwickelungsgeschichte. S. B. v. 5. Mai 1856.

Wilh. D. *Lambl:* Ueber die Entstehung der Wirbelschiebung. S. B. v. 2. März 1857.

W. R. *Weitenweber:* Ueber ein in das böhm. Museum gelangtes, neugeborenes, mumificirtes Kalb. S. B. v. 19. Oct. 1857.

Herm. v. *Leonhardi:* Ueber das subjective Sehen. S. B. v. 11. Jan. 1858.

* W. Fr. *Volkmann:* Die Grundzüge der Aristotelischen Psychologie u. s. w. Prag 1858. Abhandl. V. Folge. 10. Bd.

Joh. Ev. *Purkyně:* Einige physiologisch-acustische Experimente S. B. v. 18. Oct. 1858.

„ Ueber einige neuere physicalische Versuche mit dem Nabelstrange u. s. w. S. B. v. 20. Dec. 1858.

* Jos. Ritter v. *Hasner:* Ueber das Binocularsehen. Prag 1859. Mit 2 Taf. Abbild. Abhandl. V. Folge. 10. Band.

Wilh. *Lambl:* Ueber die cylindrischen Epithelialzellen der Darmschleimhaut u. s. w. S. B. v. 21. März 1859.

Joh. Ev. *Purkyně:* Ueber einige anatomisch-physiologische microscopische Präparate Lenhossek's. S. B. v. 27. Febr. 1860.

„ Versuche über die Coincidenz gleicher Gehörempfindungen im Hinterhaupte. S. B. v. 4. Juni 1860.

Fr. *Stein:* Ueber den eigenthümlichen Bau der Epithelzellen der Darmschleimhaut, namentlich bei Insecten. S. B. v. 4. Juni 1860.

Joh. Ev. *Purkyně:* Mehrere physiologisch-acustische Versuche. S. B. v. 30. Juli 1860.

„ Verwerthung der bisherigen Beobachtungen im Gebiete des subjectiven Sehens für Anatomie, Physik, Psychologie, Kunst und Gewerbe. S. B v. 22. Oct. 1860.

Wilh. D. *Lambl*: Einige Bemerkungen über eine bisher unbeachtet gebliebene Eigenthümlichkeit der sogenannten Venus hottentote im Jardin des plantes zu Paris. S. B. v. 22. Oct. 1860.

Joh. *Czermak*: Ueber das Verfahren und die Apparate der Laryngo- und Rhinoscopie. S. B. v. 19. Nov. 1860.

„ Ueber die physiologische Function des Gaumensegels beim Sprechen. S. B. v. 18. Febr. 1861.

„ Einige thierisch-elektrische Versuche. S. B. v. 27. Mai 1861.

Joh. Ev. *Purkyně*: Einige kurze physiologische Bemerkungen. S. B. v. 24. Juni 1861.

Jos. v. *Hasner*: Zur Geschichte der Kunstaugen, nebst Demonstration eines von ihm construirten automatischen Auges. S. B. v. 21. Oct. 1861.

Joh. *Czermak*: Photographien der Bilder mittelst seines laryngoskopischen Apparates. S. B. v. 21. Oct. 1861.

Jos. *Dastich*: Die neueren, für die Psychologie der Sinne wichtigen Forschungen der Physiologie der sensitiven Nerven u. s. w. S. B. v. 1. u. 29. Febr. 1864.

C. *Amerling*: Ueber die logarithmische Spirale und das menschliche Ohr. S. B. v. 26. Nov. 1866.

Jos. *Dastich*: Ueber einen Fall von Rothblindheit (Daltonismus) vom psychologischen Gesichtspuncte. S. B. v. 1. Juli 1867.

Zweite Abtheilung.

Abhandlungen ins anthropologische Bereich gehörend.

1. Geographie, practische Geometrie.

Kritik über: N. E. *Kleemann*: Reisen von Wien über Belgrad bis Kilianova etc. in den Jahren 1769, 1770. Nebst einem Anhang von besonderen Merkwürdigkeiten der Krimmischen Tartarei. Wien 1771. Gel. Nachr. I. Bd. S. 7.

„ über: J. Th. A. *Peithner*: Beschreibung der böhmischen Flüsse. Prag 1771. G. N. I. S. 47. II. S. 1.

„ über: Dan. G. *Schreber*: Reise nach Karlsbad. Leipzig 1771. G. N. II. 227.

„ über: Beschreibung des Königreiches Ungarn. Presburg 1772. G. N. II. 323.

Jos. *Stepling*: Bestimmung der geographischen Länge der Stadt Prag. 1776. Priv. Ges. II. 44.

Hacquet: Schreiben über verschiedene auf einer Reise nach Semlin gesammelte Beobachtungen. 1776. Pr. G. II. 230.

Jos. *Stepling*: Ueber die ansehnliche Ungleichheit der Oberfläche des Oceans. 1777. Pr. G. III. 253.

Ign. v. *Born*: Zufällige Gedanken über die Anwendung der Conchylien- und Petrefactenkunde auf die physikalische Erdbeschreibung. 1778. Pr. G. IV. 305.

Joh. *Bohadsch*: Bericht über eine auf Allh. Befehl im Jahre 1763 unternommene Reise nach dem österreichischen Salzkammergute. 1782. Pr. G. V. 91.

Tob. *Gruber*: Art, kleine Flüsse zu messen und ihre Karten zu verfertigen. 1782. Pr. G. V. 263.

* Fr. *Fuss*: Versuch einer topographischen Beschreibung des Riesengebirges. Dresden 1782. 4⁰.

Tob. *Gruber*: Ueber die Bereisung eines Landes in der Absicht auf physicalische Entdeckungen und Verfertigung einer petrographischen Karte. 1785. Abhandl. I. Folge. 1. Bd. S. 57.

Fr. Jos. *Gerstner*: Bestimmung der geographischen Längen von Marseille, Padua, Kremsmünster, Dresden, Berlin und Danzig. 1785. Abhandl. I. Folge. 1. Bd. S. 252.

Ant. *Strnad*: Berichtigung der geographischen Länge der Stadt Prag. 1786. I. 2. S. 192.

Fr. v. *Triesnecker*: Beiträge zur näheren Bestimmung der geographischen Länge der Hauptstadt Prag. 1787. I. 3. S. 181.

Fr. Wilib. *Schmidt*: Topographie der Stadt Plan. 1789. I. 4. S. 34.

J. R. *Kuhn*: Ueber den Iserfluss. 1789. I. 4. S. 111.

Fr. Jos. *Gerstner*: Eine leichte und genaue Methode für die Berechnung der geographischen Länge aus Sonnenfinsternissen. 1789. I. 4. S. 128.

J. T. *Lindacker*: Mineral-Geschichte von Mies. 1790. II. 1. S. 129.

Al. *David*: Bestimmung der Polhöhe des Stiftes Tepl. 1790. II. 1. S. 155.

* Fr. Jos. *Gerstner*: Beobachtungen auf Reisen nach dem Riesengebirge (Höhenmessungen). Dresden 1791.

Tob. *Gruber*: Von den Vortheilen hydrographischer Karten. 1795. II. 2. S. 3.

Graf Franz *Hartig*: Schreiben über die Pyrmonter Gegend. 1795. II. 2. S. 71.

Al. *David*: Polhöhe der königl. prager Sternwarte, geprüft durch Sonnen- und Sternhöhen. 1795. II. 2. S. 152.

„ Geographische Breite und Länge von Benatek. 1802. III. 1.

„ Geographische Ortsbestimmungen des Güntherberges und mehrerer Orte an der südwestlichen Gränze Böhmens. 1804. III. 1.

Fr. v. *Triesnecker*: Ueber die Ungewissheit einiger astronomischen Fixpuncte bei der Entwerfung einer Karte von Persien und asiatischen Türkei. 1804. III. 1.

Al. *David*: Längenunterschied zwischen Prag und Dresden mittelst Pulversignalen. 1804. III. 2.

Fr. v. *Triesnecker*: Veränderliche Schicksale dreier merkwürdigen Längenbestimmungen von Peking, Amsterdam und Regensburg. Prag 1805. III. 2.

Al. *David*: Trigonometrische Vermessungen zur Verbindung der prager Sternwarte mit dem Lorenzberge. 1805. III. 2.

„ Längenunterschied zwischen Prag und Breslau aus Pulversignalen auf der Riesenkoppe. Prag 1806. III. 2.

Fr. v. *Triesnecker*: Von geographischen Längenbestimmungen, vorzüglich über die berichtigte Lage von Grodno in Lithauen. 1806. III. 2.

* Al. *David*: Längenbestimmung durch Blickfeuer von Kupferberg und Engelhaus an der nordwestlichen Gränze Böhmens. Prag 1807. III. 3. (1808.)

* „ Geographische Ortsbestimmung des Marktes Schönlinde im Leitmeritzer Kreise. Prag 1809. III. 3.

* „ Geographische Ortsbestimmung von Manetin und Kalec, Pilsen und Chotěschau. Nebst Vorschlägen, die Gestalt der Erde aus Längenbestimmungen durch Blickfeuer und Sternbedeckungen zu berechnen. 1811. III. 4.

* „ Ueber die geographische Lage der königl. Stadt Melnik. Prag 1814. III. 5.

* „ Geographische Ortsbestimmung von Worlik und Drhovl sammt mehreren Orten im Prachiner Kreise aus Dreieckvermessungen und astronomische Beobachtungen. 1815. III. 5. Mit 1 Taf. Abbild.

* „ Geographische Breite und Länge von Hořic und Königgrätz. Prag 1819. III. 7. (1822.)

* „ Geographische Ortsbestimmung von Rothenhaus und den umliegenden Ortschaften. Prag 1820. III. 7. Mit 1 Taf. Abbild.

* J. C. *Meinert*: Johannes von Marignola, Reise in das Morgenland vom Jahre 1339—1353. Aus dem Lateinischen übersetzt, geordnet und erläutert. 1820. III. 7.

* Al. *David*: Längenunterschied zwischen der Sternwarte zu Wien und der bei München aus Blickfeuern bestimmt. 1822. III. 8. (1824.)
* „ Geographische Breite und Länge von Březina, Höhe über Prag und die See bei Hamburg. 1823. III. 8. (1824.)
* Jos. *Jüttner*: Trigonometrische Vermessungen der königl. Hauptstadt Prag und ihrer Umgebungen von 1804—1812. Sammt einem Dreiecknetz. 1824. III. 8.

Al. *David*: Trigonometrische Vermessung und astronomische Ortsbestimmung des Egerlandes. 1827. IV. 1.

„ Dreieckvermessungen und astronomische Ortsbestimmungen. 1830. IV. 2.

* Jos. Lad. *Jandera*: Ueber Miletin in Böhmen. Prag 1830. Abhandl. IV. 2.

Al. *David*: Geographische Länge der Prager königl. Sternwarte. 1831. IV. 3. (1833.)

Ad. *Pleischl*: Beiträge zu einer medicinischen Topographie Prags. 1837. IV. 5. (1. Lieferung.) 1841. V. 1. (2. Lieferung.)

„ Beiträge zur physikalischen Geographie Böhmens. 1841. V. 1.

Math. v. *Kalina*: Ueber die Lage des Berges Osek am Flusse Mže. 1841. V. 2. (1843.) S. 3—7.

* Fr. Cass. *Hallaschka*: Die freie Municipalstadt Bautsch in Mähren. 1843. V. 2. S. 65.

J. Gottfr. *Sommer*: Die nordwestliche Durchfahrt. Eine geographisch-historische Skizze. 1843. V. 2. S. 49.

K. *Kreil*: Magnetische und geographische Ortsbestimmungen in Böhmen. 1847. V. 4. S. 381.

K. Wl. *Zap*: Historische und topographische Schilderung der Laurenzi-Kirche seit 10. Jahrhundert. (Auch eigends böhmisch abgedruckt.) 1845. V. 4. (1847.) S. 19.

Eine Landkarte vom Königreiche Böhmen im 14. Jahrhundert.

Fr. *Doucha*: Ueber den bekannten Seefahrer und Cosmographen Martin Behaim. S. B. v. 22. Jan. 1855.

W. W. *Tomek*: Ueber die zwei Flüsse des Namens Sazawa. S. B. v. 14. Mai 1855.

„ Ueber die Gegend von Polic und Braunau. S. B. v. 6. Oct. 1856.

2. Historische Quellenkunde, Diplomatik.

Gel. *Dobner*: Beweis, dass die Urkunde Boleslaw II., welche in dem Archive des Klosters Břewniow bei Prag aufbewahrt wird, ächt und unter den bisher bekannten die älteste sei. 1775. Priv. Ges. I. 359.

F. M. *Pelzel*: Diplomatische Nachrichten, wie das Königreich Böhmen an das Luxenburgische Haus gekommen. 1777. Pr. G. III. 74.

„ Diplomatische Nachrichten, dass der römische König Wenzel nicht dreimal, sondern nur zweimal gefangen worden. 1778. Pr. G. IV. 18.

Jos. *Dobrowský*: Wie man die alten Urkunden in Rücksicht auf verschiedene Zweige der vaterländischen Geschichte benutzen soll. Ein Versuch über den Břewniower Stiftungsbrief Boleslaw II. vom Jahre 933. Abhandl. I. Folge. 1. Bd. S. 178.

Max. *Millauer*: Fragmente aus dem Nekrolog des Zisterzienser-Stiftes Hohenfurt. Mit Anmerkungen. 1819. III. 4.

* Jos. *Dobrowský*: Mährische Legende von Cyrill und Method. Abhandl. 1827. IV. 1.

* Franz *Palacký*: Staří letopisové čeští od roku 1378 do 1517. Auch unter dem Titel: Scriptores rerum Bohemicarum Tomus III. Annales patrio sermone scripti vulgo Pulkavae et Benessii de Hořowic chronicorum continuatores anonymi. Pragae 1829. 8⁰. (Die zwei ersten Bände der „Scriptores e bibliotheca ecclesiae metropolitanae Pragensis" gaben die Mitglieder der königl. böhm. Ges. d. Wis. Pelzel und Dobrowský auf Unkosten des hochwürd. Prager Domkapitels heraus.)

* „ Würdigung der alten böhmischen Geschichtschreiber. Eine von der königl. böhm. Ges. d. Wis. gekrönte Preisschrift. Prag 1830. 8⁰.

* „ Literarische Reise nach Italien im Jahre 1837 zur Aufsuchung von Quellen der böhmisch-mährischen Geschichte. 1841. Abhandl. V. Folge. 1. Bd.

Franz *Palacký*: Bericht über die Nachlese an Quellen für die böhmische Geschichte in Rom. (Nov. 1838. März 1839.) 1840. V. 1. (1841.) S. 22.

„ Ueber die handschriftliche Chronik des Cosmas in der Universitäts-Bibliothek zu Leipzig. 1840. V. 1. (1841.) S. 18.

„ Ueber die Gründe der Unächtheit der österreichischen Chronik des Dominikaners Pernold aus dem 13. Jahrhunderte. 1841. V. 1. (1841.) S. 29. 30.

„ Ueber einen russischen handschriftlichen Prolog über den heiligen Wenzel vom Jahre 1432. 1841. V. 2. (1843.) S. 38.

* „ Ueber Formelbücher in Bezug auf böhmische Geschichte. 1. Lieferung. 1843. Abhandl. V. Folge. 2. Bd.

„ Ueber eine neu entdeckte Chronik des Husitenkrieges (1419—1441). 1846. V. 4. (1847.) S. 23—26.

„ Ueber das Chronicon Bohemicum in Wolfenbüttel. 1846. V. 5. (1848.) S. 7.

* W. *Hanka*: Correspondenz zwischen Kaiser Rudolph, dem ungarischen König Mathias, den Erzherzogen Leopold und Albrecht u. s. w. 1847. V. 4. S. 158.

P. Jos. *Šafařík*: Untersuchung über den byzantinischen Chronisten Georgius Monachus Hamartolus. 1847. V. 5. (1848.) S. 19. 20.

* Fr. *Palacký*: Ueber Formelbücher zunächst in Bezug auf böhmische Geschichte. II. Lieferung. 1848. V. 5.

„ Ueber den Codex: Carlerius de legationibus concilii Basiliensis, in der Pariser National-Bibliothek befindlich. 1849. V. 6. (1851.) S. 38. 39.

„ Ueber historisch-topographische Studien in Böhmen überhaupt und über die 21 alten Ortschaften Kostelec mit Namen. 1851. V. 7. (1852.) S. 31. Č. č. M.

W. W. *Tomek*: Ueber den historischen Inhalt des altböhmischen Gedichtes „Záboj". 1852. V. 7. S. 45. 46.

3. Numismatik, Heraldik.

Ad. *Voigt*: Beschreibung der bisher bekannten Münzen nach chronologischer Ordnung. Prag 1771. Gel. Nachr. I. 113. 289. II. 65. 193. 369.

„ Von denen bei Podmokl gefundenen Goldmünzen. Prag 1771. G. N. 1771. I. 344.

Gel. *Dobner*: Historisch-kritische Beobachtungen über den Ursprung, die Abänderung und Verdopplung des böhmischen Wappenschildes. 1778. Priv. Ges. IV. 185.

Fr. *Steinský*: Schreiben über eine in Stein gefundene Münze. 1784. Pr. G. VI. B. S. 377.

F. M. *Pelzel*: Abhandlung über den Ursprung des doppelten Adlers des römischen Königs Wenzel. 1785. I. 1. S. 85.

Otto *Steinbach* v. *Kranichstein*: Ueber die in Mähren gefundenen römischen und griechischen Münzen. 1786. I. 2. S. 445.

Jos. Wrat. v. *Monse*: Ueber das mährische Landeswappen. 1795. Abhandl. II. Folge. 2. Bd. S. 41.

Jos. Ritter v. *Mader*: Erster Versuch über die Brakteaten, insbesondere über die böhmischen. 1798. II. 3. S. 3.

Fr. Graf *Sternberg-Manderscheid*: Aeusserung über zwei alte Münzen, auf Ansuchen der königl. böhm. Ges. d. Wis. II. 3. S. 7.

* Jos. Ritter v. *Mader*: Kritische Beiträge zur Münzkunde des Mittelalters. I. Lief. 1803. II. 1806. III. 1810. IV. u. V. 1811. VI. 1813.

* „ Zweiter Versuch über die Brakteaten. 1808. III. 7.

Fr. Graf *Sternberg-Manderscheid*: Ueber den gegenwärtigen Stand der vaterländischen Münzkunde in Böhmen. Prag 1825. IV. 1. (1827.)

W. *Hanka*: Böhmens Krönungsmünzen. 1836. (In den „Vorträgen" 1837. S. 55—79.)

J. Er. *Wocel*: Ueber celtische Münzen in Böhmen. Abhandl. V. Folge. 6. Bd. S. 33.

J. Er. *Wocel*: Das ältere Landeswappen. (S. St. Wenzelswappen.) S. B. v. 25. Juni 1860.

K. Wl. *Zap*: Ueber 45 Münzmatrizen, welche zur Prägung böhmischer herzoglicher, königlicher und Privatmünzen gebraucht wurden. Sitz. Ber. v. 11. Febr. 1861.

* Ant. *Rybička*: O erbích, pečetěch a znacích stavu kněžského v Čechách. V Praze 1862. Abhandl. V. Folge. 12. Bd. Mit 4 Taf. Abbild.

4. Archaeologie.

Kritik über: J. *Severini* Hungari: Pannonia veterum monumentis illustrata. Leipzig 1770. Gel. Nachr. 1771. I. 43.

„ über: C. Fr. de *Cauz*: De cultibus magicis, quibus multa juris, auctorumque veterum loca male hactenus intellecta vindicantur. Viennae 1771. 2. Ausg. G. N. 1772. II. 98.

„ über: Ph. W. *Gerken*: Versuch in der ältesten Geschichte der Slawen. Leipzig 1771. G. N. 1772. II. 236.

F. Mart. *Pelzel*: Abhandlung über Samo, König der Slawen. 1775. Priv. Ges. I. 222.

Ad. *Voigt*: Ueber den Kalender der Slawen, besonders der Böhmen. 1777. Pr. G. III. 99.

Jos. *Dobrowský*: Historisch-kritische Untersuchung, woher die Slawen ihren Namen erhalten haben. 1784. Pr. G. VI. S. 268.

„ Ueber die Begräbnissart der alten Slawen überhaupt und der Böhmen insbesondere. 1786. I. Folge. 2. Bd. S. 333.

„ Ueber eine Stelle im 19. Briefe des heil. Bonifacius, die Slawen und ihre Sitten betreffend. 1787. I. Folge. 3. Bd. S. 156.

„ Ueber das erste Datum der slawischen Geschichte und Geographie. 1790. II. 1. S. 365.

F. Mart. *Pelzel*: Ueber den Ursprung und Namen der Stadt Prag. 1795. II. 1. S. 112.

* Can. *Arnold*: Nachricht von einigen in Böhmen entdeckten heidnischen Grabhügeln. Prag 1803. 8⁰. Sammt Fortsezzung. III. Folge. 2. Bd. 1. Abtheil.

* Friedr. *Münter*: Spuren ägyptischer Religionsbegriffe in Sicilien und den benachbarten Inseln. Prag 1806. III. 2. Bd. 2. Abtheil.
* Math. v. *Kalina*: Böhmens heidnische Opferplätze, Gräber und Alterthümer. Prag 1836. IV. 5. Mit 35 Taf. Abbild.
J. Er. *Wocel*: Ueber heidnische Gräber, deren Inhalt und Unterschiede in Böhmen. 1843. V. 3. (1845.) S. 12.
Paul J. *Šafařík*: Ueber den slawisch-heidnischen Feuer-Gott Svaroh oder Svarožic (in der Chronik Zuarasici Lvarazici genannt). 1843. V. 3. (1845.) S. 12.
„ Ueber den Namen und die Lage der Stadt Vineta (identisch mit Jumin, Jomburg, Wollin). 1844. V. 3. (1845.) S. 29. (Im Č. č. M.)
Math. v. *Kalina*: Ueber die bei Rešic ausgegrabenen Menschenskelete. 1844. V. 3. (1845.) S. 31.
K. Jar. *Erben*: Ueber die slawische Morana. 1847. V. 5. S. 14.
J. Er. *Wocel*: Ueber die ältesten Spuren der Kunst in Böhmen. 1847. V. 5. S. 18—21. Č. č. M. 1847. II. 642.
Paul *Šafařík*: Ueber die Stadt Justiniana prima oder Welebusd (Welbżud). 1847. V. 5.
„ Ueber einige südslawische Volkszweignamen. 1847. V. 5. S. 20. Č. č. M. 1847. II. 572.
Jos. *Redtenbacher*: Analyse der altslawischen Ginecer Bronzen. 1847. V. 5. S. 22.
Bernh. *Quadrat*: Analyse des Bronzkessels der Podmokler Goldmünzen. 1847. V. 5. S. 23.
* K. Ed. *Hoser*: War Böhmen in der Urzeit ein See? 1848. Abhandl. V. 5. S. 357.
J. Er. *Wocel*: Ueber den Ursprung und die Darstellung des slawischen Götzen Chors (Chvoř). 1849. V. 6. (1851.) S. 33. 34. Č. č. M.
„ Ueber die vorhistorischen Bewohner Böhmens und die Ausbreitung des indo-europäischen Völkerstammes. 1850. V. 6. (1851.) S. 48. Č. č. M.
„ Ueber Römer-Kastelle in Böhmen. 1850. V. 6. (1851.) S. 49. Č. č. M.
„ Ueber die Kampfringe der Celten. 1850. V. 6. (1851.) S. 54.

* Fr. *Carrara*: De' scavi di Salona nel 1850. V. 7. 1852. Mit 5 Taf. Abbild.

J. Er. *Wocel*: Ueber die ältesten slawischen Lehranstalten in Böhmen. 1851. V. 7. (1852.) S. 26. 27. Č. č. M.

„ Ueber einen ägyptischen Sarkophag im böhmischen Museum. 1851. V. 7. (1852.) S. 34. 35.

„ Ueber den merkwürdigen Bronzefund zu Judenburg in Steiermark. S. B. v. 11. Oct. 1852.

„ Ueber das Verhältniss der böhmischen Miniaturen zu den deutschen und italienischen. S. B. v. 8. Nov. 1852.

„ Ueber ein Autograph des St. Marcus-Evangeliums. S. B. v. 8. Nov. 1852.

„ Ueber die Živa-Schüssel im böhmischen Museum im Vergleich mit einer ähnlichen Schüssel im Linzer Museum. 1852. Sitz. Ber. v. 11. Oct. V. Folge. 8. Bd. (Vgl. dessen Archäologische Parallelen. Wien 1853. kais. Akad.)

W. *Hanka*: Ueber den kaiserlichen Ankauf der Pogodin'schen Alterthumskammer in Petersburg. S. B. v. 20. Dec. 1852. V. 8. Č. č. M. Brief aus Petersburg.

J. Er. *Wocel*: Ueber die Runenaufschrift einer bei Stargard in Mecklenburg-Strelitz ausgegrabenen und nach Prag zur Entzifferung gesandten Thonurne. S. B. v. 14. Feb. 1853. V. 8.

I. J. *Hanuš*: Ueber die archäologische Hypothese, dass der Ausdruck „morgana giba" ursprünglich nicht „Morgengabe" sondern „Jungfrauen-Gabe" bedeute, über die Gründe dieser Hypothese und deren Folgerungen. S. B. v. 14. März 1853. V. 8.

J. Er. *Wocel*: Ueber einige bei Swijan aufgefundene Bronzeobjecte. S. B. v. 8. Mai 1854.

„ Ueber dessen Methode, die chalkometrischen Werthe der antiken Bronze zu bestimmen. S. B. v. 27. Nov. 1854.

I. J. *Hanuš*: Ueber slawische Runen und ihre Literatur. S. B. v. 11. Dec. 1854.

K. Wl. *Zap*: Ueber einige Kirchen im Rundbogenstyle in der Gegend von Plaňan. S. B. v. 27. Dec. 1854.

K. Wl. *Zap*: Ueber ein gothisches Reliquiarium im Stifte St. Margareth bei Prag. S. B. v. 9. Febr. 1857.

J. Er. *Wocel*: Baugeschichte der St. Barbarakirche in Kuttenberg. S. B. v. 6. April 1857.

5. Geschichte im Allgemeinen.

Kritik über: F. F. *Schrötter*: Versuch einer österreichischen Staats-Geschichte. 1771. Gel. Nachr. I. 65.

„ über: G. H. *Ayreri*: Animadversiones ad historiam Lechi. Leipzig 1771. G. N. I. 129.

„ über: J. *Alexandri*: De Vindis Prussis et Pr. Jablonowski: Lechi et Czechi vindiciae. Leipzig 1771. G. N. I. 161. II. 33.

„ über: v. *Kauz*: Ueber das Wort Oesterreich. 2. Aufl. Wien 1771. G. N. I. S. 302.

„ über: E. *Verinus*: De haereditario jure domus Austriae in regnum Hungariae. Wien und Leipzig 1771. G. N. I. 321.

„ über: B. A. *Kercselich de Corbavia*: Historiarum Cathedralium ecclesiae Zagrabiensis tomi. Agram 1770. G. N. II. 44.

„ über: La richesse de l'Angleterre. 4°. Wien 1771. G. N. II. 182.

„ über: B. A. *Kercselich*: De regnis Dalmatiae, Croatiae, Sclavoniae notitiae praeliminares. Agram 1770. G. N. II. S. 198.

„ über: Com. de *Pace*: Divi Rudolphi II. epistolae. Wien 1771. G. N. II. 248.

„ über: *Bonfinii Asculani*: Rerum Hungaricarum decades. Edit. 7ma. Praef. est C. H. Bel. Leipzig 1771. G. N. II. 277.

„ über: A. *Petrasch*: Diss. in historiam sacram et profanam. Prag 1771. G. N. II. 394.

F. M. *Pelzel*: Das Edict Kaiser Karl's IV. wider die Ketzer im Jahre 1376 wird in Zweifel gezogen. 1782. Priv. Ges. V. 55.

F. M. *Pelzel*: Historische Nachrichten von dem Lithauischen Prinzen Siegmund Koribut. 1786. I. Folge. 2. Bd. S. 360.

Ignaz *Cornova*: Ueber das Verhältniss zwischen König Přemysl Otakar II. und den Päbsten seiner Zeit. 1790. II. 1. S. 75.

Jos. *Dobrowský*: Ueber das erste Datum der slawischen Geschichte und Geographie. 1790. II. 1. S. 365.

„ Ueber Ergebenheit und Anhänglichkeit der slawischen Völker an das Erzhaus Oesterreich. (Vorgetragen den 25. Sept. 1791 im Saale der königl. böhm. Gesellschaft der Wissenschaften in Gegenwart Sr. Maj. Kaiser Leopold II.) Prag 1791. 4°.

Jos. Bened. *Heyrenbach*: Die Slawen in Oesterreich. II. 2. S. 3.

* J. G. *Meinert*: Johannes v. Marignola, des päbstlichen Legaten, Reise in das Morgenland vom Jahre 1339—1353. Aus dem Latein. Prag 1820. III. 7.

* Jos. *Dobrowský*: Ueber die ehemaligen Abbildungen böhmischer Regenten und ihre Inschriften in der Prager königl. Burg vor dem Brande im Jahre 1541. Prag 1827. Abhandl. III. Folge. 1. Bd. S. 8.

Fr. *Palacký*: Ueber den russischen Fürsten Rostislaw Michalowič. 1842. V. 2. (1843.) Im Č. č. M.

* „ Der Mongolen Einfall im Jahre 1241. V. 2. 1843.

J. *Grübel*: Ueber die in dem im Jahre 1179 erlassenen Spruchbriefe Kaiser Friedrich's I. stipulirten böhmisch-österreichischen Gränzen. 1846. V. 4. S. 27. (1847.) Abgedruckt in Schmidl's Blättern für österr. Lit. u. Kunst.

J. Er. *Wocel*: Ueber die dänische Königin Dagmar, eine Tochter Přemysl Otakar's I. 1846. V. 4. (1847.) S. 30. (Č. č. M. 1846. IV.)

P. J. *Šafařík*: Ueber einige südslawische Volkszweignamen. 1848. V. 5. S. 20. (Č. č. M. 1847. II. 572.)

W. W. *Tomek*: Ueber das Leben und die Ermordung des Kardinals Martinuzzi (Utišenowič). 1851. Abhandl. V. Folge. 7. Bd. (1852.) S. 32. 33.

K. Wl. *Zap*: Ueber die russisch-lithauische Fürstentochter Elisabeth von Ostrog. (16. Jahrhundert.) V. 7. 1852. S. 44. Im Č. č. M.

Const. *Höfler*: Ueber die politischen Lieder des unter dem Namen „Muscatblüth" bekannten deutschen Dichters. S. B. v. 8. Nov. 1852. V. 8.

J. Er. *Wocel*: Ueber den Einfluss des Christenthums auf die Cultur Europa's zur Zeit der Völkerwanderung, als Berichtigung der diesbezüglichen Ansicht Gervinus' in dessen: Grundzügen der Historik. S. B. v. 16. Jän. 1854. 5. 8.

Chr. *Rafn*: Ueber den Verkehr der Normannen mit dem Osten. S. B. v. 26. Juni 1854.

Feod. *Hilferding*: Ergebnisse seiner Reise zur Erforschung der Ueberreste der ehemaligen Bevölkerung Lüneburgs. S. B. v. 3. Dec. 1855.

W. *Hanka*: Ueber G. de Rubertis Lettere delle colonie slave nel regno di Napoli. S. B. v. 17. März 1856.

Joh. *Vaclik*: Ueber die ältesten Ansiedelungen der Slawen in den Süddonauländern. S. B. v. 27. April 1856.

W. *Hanka*: Ueber T. Dzialinski's Acta Tomiciana Tom. IV. et V. S. B. v. 7. Juli 1856.

* Gius. *Valentinelli*: Degli studj sul Friuli. Abhandl. 1856. V. Folge. 9. Bd.

Const. *Höfler*: Ueber den Plan Heinrichs IV., dem Hause Habsburg Italien zu entreissen. S. B. v. 14. März 1859.

W. W. *Tomek*: Notiz des Herrn R. Wořišek über eine Urkunde des Bamberger Archivs vom Jahre 1585. S. B. v. 11. April 1859.

Const. *Höfler*: Ueber die Absetzung König Wenzel's und die Erhebung Kaiser Ruprecht's. S. B. v. 18. Mai 1859.

Ant. *Gindely*: Bericht über seine Reise zu mehren ausländischen Archiven behufs der Geschichte des 30jährigen Krieges. S. B. v. 18. Juli 1859.

Const. *Höfler*: Die Belagerung und Erstürmung von Magdeburg durch Tilly. S. B. v. 23. Jan. 1860.

„ Ueber Kaiser Ruprecht's Versuch, die jüdische Bevölkerung Deutschlands zu organisiren. S. B. v. 26. April 1860.

„ Kritische Beleuchtung eines Schreibens des Churfürsten Ruprecht's von der Pfalz an König Wenzel über dessen französisch gesinnte Politik. S. B. v. 21. Mai 1860.

Const. **Höfler**: Ueber das böhmische Königthum und dessen Betheiligung an den deutschen Königswahlen vor Rudolph von Habsburg. S. B. v. 10. Dec. 1860.

Georg **Bippart**: Ueber die römische Staatsverfassung zur Zeit der Könige. S. B. v. 9. Dec. 1861.

I. J. **Hanuš**: Bericht über die Schrift: Le livre du Recteur, cataloque des etudiants de l'academie de Genève de 1559—1859. S. B. v. 23. Juni 1862.

Adalb. **Frühauf**: Ueber das altrömische und byzantinische Steuersystem. S. B. v. 7. Juli 1862.

J. Ev. **Purkyně**: Ueber die Gründung und Einrichtung von National-Academien. S. B. v. 18. Juli 1862.

Georg **Bippart**: Ueber das zweite und dritte Stadium des römischen Königthums. S. B. v. 20. Oct. 1862.

* „ Die römische Staatsverfassung zur Zeit der Könige. Prag 1863. Abhandl. V. Folge. 12. Bd.

„ Ueber die beiden römischen Volkstribunen Tiberius und Cajus Gracchus. S. B. v. 14. Dec. 1863.

Const. **Höfler**: Ueber die Entstehung und den Verlauf der Kämpfe der Guelfen und Ghibellinen. S. B. v. 11. Jan. 1864.

„ Die Beziehung Kaiser Carl's IV. zu dem arelatischen Königreiche. S. B. v. 16. Jan. 1865.

J. Er. **Wocel**: Ueber die Zeitepoche der Einwanderung der Kelten in Italien u. s. w. S. B. v. 13. März 1865.

Const. **Höfler**: Ueber Kaiser Napoleon's III. Geschichte des Julius Cäsar. S. B. v. 20. April 1865.

„ Die Luxemburgische Periode der deutschen Könige und Kaiser. S. B. v. 19. Nov. 1866.

* „ Barbara, Markgräfin von Brandenburg u. s. w. Ein deutsches Fürstenbild aus dem 15. Jahrhunderte. Prag 1867. I. Abtheil. Abhandl. V. Folge. 14. Bd. — II. Abtheil. Prag 1867. VI. Folge. 1. Bd.

* „ Aus Avignon. Prag 1868. Abhandl. VI. Folge. 2. Bd.

J. Er. **Wocel**: Ueber die Culturverhältnisse der Slawen zur Zeit ihres ursprünglichen Gesammtverbandes. S. B. v. 12. Dec. 1864.

J. Er. *Wocel*: Böhmen zur Zeit der Markomanenherrschaft. S. B. v. 24. Juli 1865.

„ Ueber die Culturverhältnisse Böhmens, insoweit sie sich in den Handschriften von Königinhof und Grünberg abspiegeln. S. B. v. 21. Juni 1867.

V. D. *Stojanow*: Die ethnographischen Verhältnisse der Balkanhalbinsel. S. B. v. 13. Mai 1867.

Em. *Komárek*: Die polnische Colonie der Hedčane in Böhmen. S. B. v. 3. Febr. 1868.

6. Geschichte Böhmens und Mährens insbesondere.

Kritik über: Fr. *Pubitschka*: Geschichte Böhmens unter den Slawen. Leipzig und Prag 1771. Gel. Nachr. I. 254. 257. II. 129.

Ad. *Voigt*: Von dem Alterthume und Gebrauche des Kirchengesanges in Böhmen. 1775. Priv. Ges. I. S. 200.

F. Mart. *Pelzel*: Ob dem König von Böhmen Přemysl Otakar II. die kaiserliche Krone angetragen worden. 1776. Pr. G. II. 74.

Gel. *Dobner*: Kritische Untersuchung, wann das Land Mähren ein Markgrafthum geworden und wer erster Markgraf gewesen? 1776. Pr. G. II. 183.

„ Kritischer Beweis, dass die Mitra, welche P. Alexander II. dem böhmischen Herzoge Wratislaw verliehen, eine Chorkappe gewesen sei. 1777. Pr. G. II. 131.

F. Mart. *Pelzel*: Wann ist Karl IV. Markgraf in Mähren geworden? 1778. Pr. G. IV. 71.

Gel. *Dobner*: Historischer Beweis, dass Wladislaw II. Herzog in Böhmen zu Anfang des Jahres 1158 in Regensburg gekrönt worden und dass der goldene Reif (Circulus), so ihm und seinen Nachfolgern Kaiser Friedrich I. verliehen, eine wahre königliche Krone gewesen sei. 1782. Pr. G. V. 1.

„ Kritische Abhandlung von den Gränzen Alt-Mährens oder des grossen Mährischen Reiches im 9. Jahrhundert. Pr. G. 1784. VI. 1.

F. Mart. **Pelzel**: Ueber das Vaterland des Jacobus de Misa, genannt Jacobellus. Pr. G. VI. 299.

Gel. **Dobner**: Kritische Untersuchung über den slawischen Ritus in Böhmen. 1785. I. Folge. 1. Bd. S. 140.

Otto **Steinbach** v. **Kranichstein**: Versuch einer Geschichte der alten uud neuen Toleranz in Böhmen und Mähren. 1785. I. 1. S. 200.

Gel. **Dobner**: Ueber die Einführung des Christenthums in Böhmen. 1786. I. 2. S. 394.

„ Geschichte des mährisch-lundenburgischen Fürsten Ullrich, sammt den von ihm eingeführten ältesten Brünner Rechten. 1786. I. 2. S. 462.

„ Historische Nachrichten von dem herzoglichen Geschlechte der böhmischen Theobalde. 1787. I. 3. S. 3.

F. Mart. **Pelzel**: Ueber die Herrschaft der Böhmen in dem Markgrafthum Meissen. 1787. I. 3. S. 39.

Jos. Wrat. v. **Monse**: Versuch über die ältesten Municipal-Rechte in Mähren. 1787. I. 3. S. 75.

Jos. **Dobrowsky**: Geschichte der böhmischen Picarden und Adamiten. 1789. I. 4. S. 300.

F. Mart. **Pelzel**: Geschichte der Deutschen und ihrer Sprache in Böhmen. 1789. I. 4. S. 344. — Schluss. 1790. II. 1. S. 281.

K. Raph. **Ungar**: Žižka's militärische Briefe und Verordnungen. 1790. II. 1. S. 371.

Ig. **Cornova**: Ueber Kaiser Karl's IV. Betragen gegen das bairische Haus. 1795. II. 2. S. 28.

* „ Hat Schirach König Georgen von Böhmen Religion mit Grund abgesprochen? 1798. II. 3. S. 161.

* F. Mart. **Pelzel**: Beiträge zur Geschichte der Tempelherren in Böhmen und Mähren. 1798. II. 3. S. 209—239.

* J. **Cornova**: Die Erbverbrüderung der Häuser Böhmisch-Lüzzelburg und Oesterreich-Habsburg. 1805. III. 2.

* Jos. **Dobrovský**: Kritische Versuche, die ältere böhmische Geschichte von späteren Erdichtungen zu reinigen.
  I. Bořiwoj's Taufe. Prag 1803. III. 1.
  II. Ludmila und Drahomira. Prag 1807. III. 2.
  III. Wenzel und Boleslaw. Prag 1819. III. 6.

* Max. *Millauer*: Ueber die Erbauung der königl. befreiten Berg- und Kreisstadt Budweis in Böhmen. 1817. III. 5. Mit 1 Taf. Abbild.
* Jos. *Dobrowský*: Beiträge zur Geschichte des Kelches in Böhmen. 1817. III. 5. S. 27.
Gottfr. J. *Dlabač*: Nachricht von dem Prämonstratenser-Frauenstift zu Kaunic in Mähren. 1817. III. 5. S. 46.
* Max. *Millauer*: Böhmens Denkmale der Tempelherren. 1822. III. 8. (1824.)
* Jos. *Dobrowský*: Cyrill und Method, der Slawen Apostel. Prag 1823. III. 8. (1824.)
* Max. *Millauer*: Die Ritter von Poresching im Süden Böhmens. 1823. III. 8. (1824.)
* „ Diplomatisch-historische Aufsätze über Johann Žižka von Trocnow. 1824. Abhandl. IV. 1. S. 62.
* „ Ueber den deutschen Ritterorden in Böhmen. 1825. IV. 1. (1827.)
* Jos. *Dobrowský*: Mährische Legende von Cyrill und Method. 1827. IV. 1. S. 127.
* J. Lad. *Jandera*: Ueber Miletin in Böhmen. 1830. IV. 2.
* Max. *Millauer*: Die Grabstätten der Landesfürsten Böhmens. Prag 1830. IV. 2. Mit 1 Taf. Abbild.
Fr. *Kurz*: Schicksale des Passauischen Kriegsvolkes in Böhmen, bis zur Auflösung desselben im Jahre 1611. Prag 1831. IV. 3. S. 131.
* Max. *Millauer*: Der deutsche Ritterorden in Böhmen. Prag 1832. IV. 3. Mit 1 Taf. Abbild. (1833.) S. 208.
A. *Boczek*: Mähren unter König Rudolf I. 1837. IV. 4.
M. *Kalina v. Jäthenstein*: Ueber die Errichtung des Bisthums Budweis im Jahre 1785. Prag 1841. V. 2. (1843.) S. 11–14.
Fr. *Palacký*: Ueber die Fabel vom blutigen Landtage bei Wilimow im Jahre 1389. Prag 1842. V. 2. (1843.) S. 49. Im Č. č. M. 1842. Heft 3.
J. Fr. v. *Hammer-Purgstall*: Ueber die Verhandlungen mit Herrn von Rosenberg im Jahre 1611. V. 3. 1845. S. 783.

W. W. *Tomek*: Ueber die ältere Geschichte der böhmischen und deutschen Nationalität in Prag. 1845. V. 4. (1847.) S. 7. 11. Č. č. M.

J. Er. *Wocel*: Ueber das sogenannte Bischofshaus in Kuttenberg. 1845. V. 4. (1847.) S. 14.

W. W. *Tomek*: Ueber die Anzahl der Studirenden an der Prager Universität im Jahre 1389. 1845. V. 4. (1847.) S. 18.

K. Wl. *Zap*: Historische und topographische Schilderung der Laurenzi-Kirche in Prag seit dem 10. Jahrhunderte. V. 4. 1847. S. 19.

W. W. *Tomek*: Ueber die Geschichte des Allerheiligen-Collegiums in Prag. 1847. V. 5. (1848.) S. 17.

„ Ueber die Kirchenverfassung der Utraquisten in Böhmen, vom Jahre 1415—1622. 1848. V. 6. (1851.) S. 14. Im Č. č. M.

„ Die Einnahme Prags durch Oldřich gegen Boleslaw Chrobrý. 1849. V. 6. (1851.) S. 20. 21.

„ Ueber das Alter des Teynhofes (alten Ungelts) und der Teynkirche in Prag. 1849. V. 6. (1851.) S. 22. 23.

„ Betragen der Bürger von Eger in dem Streite der Könige Georg und Wladislaw von Böhmen mit Mathias Corvinus von Ungarn und dem päbstlichen Stuhle. 1851. V. 6. S. 36. Im Č. č. M.

„ Ueber den Namen und die Geschichte der Stadt Beraun. 1852. V. 7. S. 54. 55.

„ Ueber das Verhältniss der böhmischen Župane zu den Landesfürsten. Sitz. Ber. v. 8. Nov. 1852. V. Folge. 8. Bd. (Č. č. M.: O panství rodu Slavníkova v Čechách. 26. Jg.)

Const. *Höfler*: Ueber die Briefe Gregor Heimberg's, vertrauten Rathes Königs Georg von Poděbrad, rücksichtlich der Politik desselben gegen den böhmischen Adel. S. B. v. 6. Dec. 1852. V. 8.

„ Ueber den im Jahre 1126 von den Böhmen bei Kulm erfochteten grossen Sieg mit Bezugnahme auf einen gleichzeitigen bisher unbekannten Brief Kaiser Lothar's III. S. B. v. 3. Jan. 1853. V. 8.

K. Wl. **Zap**: Ueber die älteste Geschichte und die Merkwürdigkeiten des Prämonstratenserstiftes Tepl in Böhmen. S. B. v. 28. Febr. 1853. V. 8. Gedruckt in: „Památky archaeologické." I. S. 21—36.

W. W. **Tomek**: Ueber die Vorgänge des böhmischen Landtages vom Jahre 1593 und das sich an dieselben knüpfende Schicksal des damaligen Obersthofmeisters Georg von Lobkowitz. S. B. v. 22. April 1853. V. 8. (Im Č. č. M. 27. Jg. 2. H. S. 215.)

W. **Nebeský**: Ueber die historische Grundlage des Gedichtes „Oldřich und Boleslaw" in der Königinhofer Handschrift. S. B. v. 20. Juni 1853. V. Folge. 8. Bd. (Im Č. č. M. 26. u. 27. Jahrgang.)

Const. **Höfler**: Ueber die Beziehungen Böhmens zum deutschen Reiche und insbesondere über die Vorspiele des dreissigjährigen Krieges, meist nach ungedruckten Quellen. S. B. v. 20. Juni u. 18. Juli 1853.

„ Ueber die Einwirkungen der praktischen Seite des Husitismus auf Deutschland, besonders auf Franken. S. B. v. 19. Dec. 1853. V. 8.

* K. Jar. **Erben**: Regesta diplomatica et epistolaria Bohemiae nec non Moraviae. Tom. 1. annorum 600—1253. Abhandl. Pragae 1854. V. 8.

K. Wl. **Zap**: Bruchstücke aus seiner Monographie über das Cisterzienser-Kloster zu Königsal. S. B. v. 13. März 1854.

„ Historisch-topographische Mittheilungen über Obřistwi und Libiš. S. B. v. 8. Mai 1854.

Const. **Höfler**: Ueber das Manuscript des sogenannten Königsbuches von Behem, die älteste deutsche Chronik von Böhmen. S. B. v. 3. Juli 1854.

Ant. **Gindely**: Ueber die Zahl der sogenannten Brüder-Confessionen. S. B. v. 27. Dec. 1854.

W. W. **Tomek**: Ueber die zwei Flüsse des Namens Sazawa. S. B. v. 14. Mai 1855.

Const. **Höfler**: Ueber die wissenschaftliche Thätigkeit an der älteren Prager Universität. S. B. v. 9. Juli 1855.

Joh. *Krbec:* Ueber die böhmischen Utraquisten. S. B. v. 23. Juli 1855.

W. W. *Tomek:* Ueber Wilh. v. Slavata's grosses Werk über die Geschichte Böhmens. S. B. v. 5. Nov. 1855.

Const. *Höfler:* Ueber eine altdeutsche Uebersetzung der Chronik des Pulkava. S. B. v. 7. Jan. 1856.

W. W. *Tomek:* Ueber die Schlacht zwischen Wladislaw I. von Böhmen und Boleslaw III. von Polen. S. B. v. 3. März 1856.

Const. *Höfler:* Ueber die literärische Thätigkeit des M. Johannes, predicator Theutonicorum ad St. Gallum u. s. w. S. B. v. 21. Juli 1856.

* Fr. *Palacký:* Zeugenverhör über den Tod König Ladislaw's von Böhmen und Ungarn im Jahre 1457. Abhandl. 1856. V. Folge. 9. Band.

W. W. *Tomek:* Ueber die Gegend von Polic· und Braunau. S. B. v. 6. Oct. 1856.

Const. *Höfler:* Ueber die ältere Geschichte der böhmischen Churfürsten- und Königswürde. S. B. v. 17. Nov. 1856.

Fr. *Palacký:* Ueber den Bildungsstand in Böhmen im Zeitalter Georg's von Poděbrad. S. B. v. 12. u. 26. Jan. 1857.

W. W. *Tomek:* Ueber die Zerstörung des Servitenklosters am Slup in Prag durch die Hussiten. S. B. v. 9. März 1857.

K. Wl. *Zap:* Zur Geschichte der Stadt Alt-Bunzlau und der dortigen Collegiatkirche. S. B. v. 12. Oct. 1857.

W. *Hanka:* Ein Rituale der böhmischen Brüder. S. B. v. 21. Dec. 1857.

Const. *Höfler:* Controverse über den Geleitsbrief Kaiser Siegmund's für Johannes Hus. S. B. v. 4. Jan. 1858.

Ant. *Gindely:* Beleuchtung des Majestätsbriefes Kaiser Rudolph's II. für die böhmischen Protestanten. S. B. v. 1. Febr. 1858.

W. W. *Tomek:* Ueber ein Prager Kleinseitner Stadtbuch aus dem 15. Jahrhunderte. S. B. v. 3. Mai 1858.

„ Forschungen über die Župen-Eintheilung Böhmens und die alten Gränzen des Prager Bisthums. S. B. v. 5. Juli 1858.

J. Er. *Wocel*: Bericht über seine kunstarchäologische Reise im westlichen Böhmen. S. B. v. 11. Oct. 1858.

W. *Hanka*: Die auf dem sogenannten Pulverthor zu Prag eingehauenen Inschriften. S. B. v. 25. Oct. 1858.

K. Wl. *Zap*: Auszüge aus seiner Monographie über die Cathedralkirche zum heiligen Geist in Königgräz. S. B. v. 15. Nov. 1858.

W. W. *Tomek*: Aus der Baugeschichte des St. Veitsdoms zu Prag. S B. v. 13. Dec. 1858.

* Const. *Höfler*: Des Bartholomäus von St. Aegydius Chronik von Prag im Reformationszeitalter. Chronica de seditione et tumultu Pragensi 1524—1531. Prag 1859.

W. W. *Tomek*: Ueber Lage und Merkwürdigkeiten der einzelnen Häuser auf dem Altstädter Ringe u. s. w. im 14. und 15. Jahrhunderte. S. B. v. 19. Dec. 1859.

K. Wl. *Zap*: Ueber eine altslawische Burgstelle am linken Ufer der Sazawa u. s. w. S. B. v. 20. Febr. 1860.

„ Auszüge aus seiner Monographie über das Benedictiner Inselkloster bei St. Johann d. T. unweit Dawle. S. B. v. 23. Juli 1860.

W. W. *Tomek*: Aus der Baugeschichte des St. Veitsdomes in Prag. S. B. v. 13. Dec. 1858 u. 17. Jan. 1859.

J. Er. *Wocel*: Bericht über seine kunstarchäologische Reise durch das südliche Böhmen. S. B. v. 11. Oct. 1858 u. 17. Jan. 1859.

K. Wl. *Zap*: Monographie über das Prämonstratenser-Stift Mühlhausen (Milevsko). S. B. v. 14. Febr. 1859.

l. J. *Hanuš*: Festgebräuche der Slawen am Weihnachtsabend u. s. w. S. B. v. 24. Oct. 1859.

„ Ueber die alterthümlichen Gebräuche der Slawen in den 12 Weihnachtsnächten. S. B. v. 7. Nov. 1859.

„ Die mythische Bedeutsamkeit der slawischen Sommersonnenwende-Feste. S. B. v. 14. Nov. 1859.

J. Er. *Wocel*: Ueber die bei Opočnic ausgegrabenen Reliquienkreuze. S. B. v. 21. Nov. 1859.

K. Wl. *Zap*: Ueber die Befestigungsweise der böhmischen Städte im Mittelalter u. s. w. S. B. v. 21. Nov. 1859.

W. W. *Tomek*: Weitere Mittheilungen aus den Prager Stadtbüchern des 14. u. 15. Jahrhunderts. S. B. v. 15. Oct. 1860.

„ Aus einer grösseren Abhandlung über die ältesten Zustände Böhmens. S. B. v. 14. Jan. 1861.

Const. *Höfler:* Ueber eine handschriftliche Mittheilung über eine Berna im Pilsner Kreise im Jahre 1379. S. B. v. 14. Jan. 1861.

„ Forschungen in Betreff der Verbindung der Utraquisten mit den schismatischen Patriarchen von Constantinopel 1452. S. B. v. 1. Mai 1861.

„ Ueber die oft besprochene Frage des Geleitsbriefes des Johannes Hus. S. B. v. 1. Mai 1861.

Kohl: Einleitung zu einer Monographie über König Přemysl Otakar. S. B. v. 1. Mai u. 17. Juni 1861.

Ant. *Gindely*: Parthien aus seinem grössern Werke über Kaiser Rudolph II. S. B. v. 11. Nov. 1861.

K. Wl. *Zap*: Auszug aus einer grösseren Monographie über die St. Georgskirche auf der Prager Burg. S. B. v. 9. Dec. 1861.

Herm. *Jireček*: Deutung der Sculpturen in der St. Jacobskirche bei Kuttenberg. S. B. v. 9. Dec. 1861.

Const. *Höfler*: Ueber den Plan Kaiser Maximilian's I., Böhmen und Ungarn mit dem deutschen Reiche zu vereinigen. S. B. v. 17. Febr. 1862.

* „ Concilia Pragensia 1353—1413. Prager Synodalbeschlüsse. Prag 1862. Abhandl. V. Folge. 12. Bd.

K. J. *Erben*: Zwei Parthien aus seiner böhmischen Uebersezzung des russischen Chronisten Nestor. S. B. v. 5. Mai 1862.

K. Wl. *Zap*: Ueber die Regierungsperiode der Herzoge Spitihněw I., Wratislaw I. und Waceslaw I. vom J. 894—935. S. B. 23. Juni 1862.

Const. *Höfler*: Erster Bericht über seine neuesten Studien zu München, insbesondere über Georg von Poděbrad. S. B. v. 17. Nov. 1862.

Jos. *Emler*: Resultate seiner diplomatischen Durchforschung mehrerer Urkunden Conrad's I. S. B. v. 22. Dec. 1862.

Rud. Graf v. *Wratislaw*: Auszug aus dem Testamente des Wácslaw Wřesowsky. S. B. v. 19. Jan. 1863.

W. W. *Tomek*: Zur Topographie der Neustadt Prags zu Ende des 14. Jahrhundertes. S. B. v. 16. Febr. 1863.

Const. *Höfler*: Die Unionen der deutschen Fürsten und Stände im Anfange des 17. Jahrhunderts. S. B. v. 20. April 1863.

Ant. *Gindely*: Ueber Jenik v. Waldstein's verloren gegangenes Werk: Historie své doby 1606—1612. S. B. v. 22. Juni 1863.

* W. W. *Tomek*: Apologie der ältesten Geschichte Böhmens gegen die neuesten Anfechter derselben. Prag 1863. Abhandl. V. Folge. 13. Band.

Fr. *Palacký*: Mittheilungen über die von ihm in Breslau entdeckte kurze böhmische Chronik des Abtes Benedict Johnsdorf. S. B. v. 16. Nov. 1863.

Ant. *Gindely*: Ueber den Einfall der Passauer in Böhmen im Jahre 1611. S. B. v. 17. Oct. u. 14. Nov. 1864.

Joh. *Lepař*: Nicolaus Sarkander in Troppau war kein Verschwörer gegen König Mathias. S. B. v. 14. Nov. 1864.

* Const. *Höfler*: Urkunden zur Beleuchtung der Geschichte Böhmens und des deutschen Reiches im 15. Jahrhundert. Prag 1865. Abhandl. V. Folge. 13. Band.

W. W. *Tomek*: Zur älteren Topographie der Altstadt Prags. S. B. v. 26. Juni 1865.

Jos. v. *Hasner*: Ueber die ältere Geschichte der Arzneikunde in Böhmen. S. B. v. 16. Oct. 1865.

W. W. *Tomek*: Ueber die Berufung der Städte zum Obern Rechte der Altstadt Prag im 16. Jahrhundert. S. B. v. 11. Juni 1867.

Jos. *Emler*: Die böhmischen Stadtrechte mit besonderer Berücksichtigung des Altprager Stadtrechtes. S. B. v. 7. Oct. 1867.

„ Ueber einige Ueberreste eines Citationsquaterns der böhmischen Landtafel vom Jahre 1316 bis 1320. S. B. v. 2. Dec. 1867.

* „ O zbytcích desk zemských v roce 1541 pohořelých. V Praze 1867. Abhandl. VI. Folge. 1. Band.

* J. Er. *Wocel*: Pravěk země České. I. oddělení, se 105 dřevorytinami, r. 1866. — II. odděl. s 89 dřevor. a s mapou, r. 1868.

„ Zur Topographie Böhmens in der heidnischen Zeit. S. B. v. 9. März 1868.

Emil *Komárek*: Die polnische Colonie der Hedčane in Böhmen, zugleich eine Beilage zu Kosmas Lebensgeschichte. 1868. Abhandl. VI. Folge. 2. Bd.

J. Er. *Wocel*: Ueber slawische Burgwälle, insbesondere in Böhmen. S. B. v. 6. April 1868.

Fr. *Palacký*: Ueber die Beziehungen und Verhältnisse der Waldenser zu den ehemaligen Secten in Böhmen. S. B. v. 2. Nov. 1868.

K. J. *Erben*: Ueber ein altrussisches Gedicht vom Siege der Moskowiten über den Tartarenchan Mamai 1380; nebst böhmischer Uebersetzung. S. B. v. 16. Nov. 1868.

C. *Tieftrunk*: Ueber die Ursachen der harten Verfolgung der böhmischen Brüder im Jahre 1547—48. S. B. v. 30. Nov. 1868.

Emil *Komárek*: Abriss der Centralisation der Prager Fürstenmacht. S. B. v. 28. Dec. 1868.

7. Biographien und Necrologe.

Biographie Ignaz v. *Born's*, von Jos. Dobrowsky. 1795. Neuere. Abhandl. 2. Bd.

* Biographie des Mag. Joh. *Campanus v. Wodnian*, von G. J. Dlabacz. 1819. Neuere Abhandl. 6. Bd.

* Johann *Chorinus* nebst einem Verzeichniss u. s. w. von Gottfr. Joh. Dlabacz. Prag 1821.

* Rückblicke auf das Leben und Wirken des *Rudolf* Grafen *Chotek* von Chotkowa und Wojnin. Prag 1827. Neue Folge. 1. Bd. S. 23—35.

* Denkschrift über Aug. Jos. *Corda's* Leben und literärisches Wirken, von W. R. Weitenweber. Prag 1852. V. Folge. 7. Bd.

* Biographie des Ignaz *Cornova*. Prag 1824. III. 8. S. 25—53.
* Biographie des Martin Alois *David*, von Phil. J. Kulik. 1837. Abhandl. IV. 4. S. 1—33.

Biographie des Gottfried Joh. *Dlabacz*. Prag 1820. Abhandl. III. Folge. 7. Bd. S. 17—42.

Carl Egon Fürst von *Fürstenberg*. 1787. Abhandl. I. Folge. 3. Bd.

* Biographie des Gelas. *Dobner*, von Joseph Dobrowsky. 1795. Abhandl. II. Folge. 2. Bd.
* Leben und gelehrtes Wirken des Joseph *Dobrowsky*, von Fr. Palacký. 1833. Abhandl. IV. Folge. 8. Bd. Mit 1 Taf. Abbild.

Biographie des Thomas *Dolliner*. 1839. Abhandl. V. Folge. 1. Bd.

Biographie des Expaulaners Fortunatus *Durich*, von Jos. Dobrowsky. 1804. Abhandl. III. Folge. 3. Band. S. 31—40.

Biographie Jos. Christ. v. *Engel's*, von Georg C. Rumy. 1814. Abhandl. III. Folge. 6. Bd. S. 15—28.

* Biographie des Joseph v. *Freyssmuth*. 1819. Abhandl. III. Folge. 6. Bd. S. 12—15.
* Leben des Franz Jos. Ritt. v. *Gerstner*, von Bern. Bolzano. 1837. Abhandl. IV. Folge. 4. Bd. S. 1—47.

Biographie des Tobias *Gruber*. 1814. Abhandl. III. Folge. 3. Bd.

Zur Biographie Carl *Heidinger's*. 1798. Neuere Abhandl. 3. Bd. S. 15.

Biographie des Fr. Ig. Cassian *Hallaschka*. Abhandl. V. Folge. 5. Bd. S. 30—34.

Biographie des Fr. J. Hermann R. v. *Hermannsdorf*. 1818. Abhandl. III. Folge. 5. Bd.

Beitrag zur Biographie J. B. *Heyrenbach's*, von Jos. Dobrowsky. 1795. Neuere Abhandl. 2. Bd.

Biographie des Dr. Jos. C. Eduard *Hoser*, von W. R. Weitenweber. 1851. Abhandl. V. Folge. 6. Bd. S. 89—96.

Biographie des Dr. Franz Joseph *Jekel*. Prag 1818. Abhandl. II. Folge. 3. Bd. S. 51—58.

Zur Biographie Johann *Jirasek's*. 1798. Abhandl. II. Folge.
3. Bd. S. 16.

Biographie des Dr. Johann Dionys *John*. 1818. Abhandl. III.
Folge. 5. Bd.

Biographie des Joseph *Jüttner*. 1854. Abhandl. V. Folge. 6. Bd.
S. 97—99.

* Biographie des ord. Mitgl. Mathias *Kalina v. Jäthenstein*,
von M. Joh. Kalina v. Jäthenstein. Abhandl. V. Folge.
6. Bd. S. 65—88.

Biographie des Grafen Franz v. *Kinsky*. 1811. Abhandl. III.
Folge. 2. Bd. — 1814. III. Folge. 3. Bd.

* Vincenz Jul. Edler v. *Krombholz* nach seinem Leben und Wirken geschildert von Bernard Bolzano. Abhandl. V. Folge.
4. Bd. S. 4—51.

Biographie des Joseph Ritt. v. *Mader*, von M. v. Kalina. 1818.
Abhandl. III. Folge. 5. Bd. S. 27—51.

Sebastian v. *Maillard*. 1824. Abhandl. III. Folge. 8. Bd.
S. 54—58.

Biographie des Prof. Joseph *Mayer*. Abhandl. III. Folge. 5. Bd.
S. 18—23.

Biographie des Med. Dr. Johann *Mayer*. 1811. Abhandl. III. Folge.
3. Bd.

Max. *Millauer's* Nekrolog. 1841. Abhandl. V. Folge. 1. Bd.

Biographie des Joseph Wratislaw Edler v. *Monse*, von Jos. Dobrowsky. 1795. Neuere Abhandl. 2. Bd.

Kurzgefasste Lebensgeschichte des Hrn. Joseph Max. v. *Tenczyn*
Graf *Ossolinsky*. Abhandl. IV. Folge. 1. Bd. S. 95--96.

Biographie des Franz Martin *Pelzel*. 1804. Abhandl. III. Folge.
1. Bd. S. 50.

Biographie des Joseph Edler v. *Plenčicz*, von Raph. Ungar.
1785. Abhandl. I. Folge. 1. Bd. S. 20.

* Die Gebrüder Johann Svatopluk und Carl Bořiwoj *Presl*,
von Wilh. Rud. Weitenweber. 1854. Abhandl. V. Folge.
8. Bd. S. 1—27.

Biographie des Prof. Georg *Prochaska*. 1824. Abhandl. III. Folge.
8. Bd. S. 61—81.

Zur Biographie Jos. Anton v. *Riegger's*. 1798. Abhandl. II. Folge.
3. Bd. S. 17.

Biographie des Grafen Fr. Ernst *Schafgotsch von Künast* und
Greifenstein. 1809. Abhandl. III. Folge. 2. Bd.

Michael *Seidl's* Leben und wissenschaftliches Wirken, geschildert
von R. v. Kalina. 1843. Abhandl. IV. Folge. 2. Bd.

Zur Biographie des J. Ant. *Spalowsky*. 1798. Abhandl. II. Folge.
3. Bd. S. 16.

Biographie des Biblioth. Anton *Spirk*. 1847. Abhandl. V. Folge.
5. Bd. S. 29.

Otto *Steinbach v. Kranichstein* geschildert von Jos. Dobrowsky. Abhandl. 1795. II. Folge. 2. Bd. S. 16.

* Joseph *Steinmann*, sein Leben und wissenschaftliches Wirken,
von F. X. M. Zippe. 1836. Abhandl. IV. Folge. 4. Bd.

* Biographie der Grafen Caspar und Franz von *Sternberg*,
von Franz Palacky. 1843. Abhandl. V. Folge. 2. Bd.

Biographie des Grafen Joachim von *Sternberg*. 1811. Abhandl.
III. Folge. 2. Bd.

Biographie des Grafen Johann von *Sternberg*. 1789. Neuere
Abhandl. S. 19.

Biographie des Astronoms Anton *Strnad*. 1804. Abhandl.
III. Folge. 1. Bd. S. 42—50.

Biographie des Johann *Tessanek*. Abhandl. I. Folge. 4. Bd.
S. 22.

Biographie des Franz v. *Triesnecker*. 1818. Abhandl. III. Folge.
5. Bd. S. 73—83.

Biographie des Biblioth. C. Raphael *Ungar*. 1811. Abhandl. III.
Folge. 2. Bd.

Biographie des P. Adauct *Voigt*. 1787. Abhandl. I. Folge. 3. Bd.
S. 15.

Biographische Notiz über den Grafen Joseph von *Wallis*. 1818.
Abhandl. III. Folge. 6. Bd. S. 11—12.

* Lebensgeschichte Sr. Exc. des Grafen Rudolph von *Wrbna*
und *Freudenthal*. Prag 1827. Abhandl. Neue Folge.
1. Bd. S. 36—94.

* Mathias *Kalina v. Jäthenstein*: Ueber böhmische Schriftsteller und Gelehrte, deren Lebensbeschreibungen bisher nicht bearbeitet sind. Abhandl. 1818. Erstes Heft. S. 1—59. 1819. Zweites Heft. S. 1—109.

W. R. *Weitenweber*: Lebensskizze des Prof. Ign. Friedr. Tausch. S. B. v. 18. Oct. 1852.

K. J. *Erben*: Biographie des Christoph Harant von Polžic und Bezdružic. S. B. v. 13. März 1854.

W. R. *Weitenweber*: Schreiben Alex. v. Humboldt's. S. B. v. 5. April 1853.

„ Bruchstücke aus Jandera's Abhandlung über das böhmische Adelsgeschlecht der Zaruba von Hustiřan. S. B. v. 30. Oct. 1854.

* „ Biographie des Johann Marcus Marci von Cronland. S. B. v. 7. Mai 1855.

„ Biographie des Joh. J. W. Dobrzensky de Nigroponte. S. B. v. 9. Juli 1855.

P. J. *Šafařík*: Leben und Schriften des Peter Chelčický. S. B. v. 8. Oct. 1855.

J. v. *Hasner*: Ueber Tycho Brahe's und Joh. Keppler's Leben und Wirken in Prag. S. B. v. 14. Jan. 1856.

W. R. *Weitenweber*: Ueber Johann Franz Löw von Erlsfeld. S. B. v. 21. Juli 1856.

* I. J. *Hanuš*: Život a působení Fr. Lad. Čelakovského. 1855. Abhandl. V. Folge. 9. Bd.

* W. R. *Weitenweber*: Denkrede auf Fr. Ad. Petřina. 1856. Abhandl. V. Folge. 9. Bd.

„ Kurze Nachricht vom Ableben des Freihrn. M. J. Parish von Senftenberg. S. B. v. 18. Oct. 1858.

K. Wl. *Zap*: Ueber das Leben und Wirken des hl. Bischof Adalberts von Prag. S. B. v. 20. Jan. 1862.

J. G. *Böhm*: Ein Schreiben Tycho Brahe's an Joachim Camerarius. S. B. v. 27. April 1863.

Fr. *Palacký*: Brief des Oberstburggrafen Lev von Rožmital an Wenzel Hajek von Libočan. S. B. v. 8. Febr. 1864.

W. R. *Weitenweber*: Notiz über die Jubilarmedaille des Geh. Rathes C. Fr. v. Martius. S. B. v. 27. April 1864.

W. R. *Weitenweber*: Necrologische Notiz über Andr. Freihrn. v. Baumgartner. S. B. v. 31. Juli 1865.
Jos. v. *Hasner*: Ueber das Leben und die Schriften des M. Albicus von Uřinow. S. B. v. 16. Oct. 1865.
W. R. *Weitenweber*: Necrologische Notiz über Prof. Gustav Skřiwan. S. B. v. 29. Jan. 1866.
„ Lebensskizze des Gubernialrathes Carl Aug. Neumann. S. B. v. 26. Febr. 1866.
1. J. *Hanuš*: Gedächtnissrede für den verewigten J. P. Šafařík. S. B. v. 18. Juni 1866
* J. A. v. *Hoffinger*: Dr. Johann Nep. *Ehrlich*. Eine Skizze seines Lebens und Geistesganges. Prag 1866. Abhandl. V. Folge. 14. Bd.
1. J. *Hanuš*: Ueber die Biographie und literarische Wirksamkeit des J. A. Komenský, nach Ceroni. S. B. v. 25. Mai 1868.
W. R. *Weitenweber*: Kurze necrologische Nachricht über Mor. Hörnes in Wien. S. B. v. 9. Nov. 1868.

8. Oekonomie, Technologie etc.

Kritik über: J. *Trnka*: Die Pflicht eines Wirthschaftsbeamten. Frankfurt 1770. Gel. Nachr. I. 1.
„ über: P. *Poda*: Beschreibung der zu Schemnitz errichteten Maschinen. Prag 1771. G. N. I. 17. 57.
„ über: J. A. *Scopoli*: Von den Ursachen des Mangels an Dünger in Görz und Gradisca. Wien 1771. G. N. I. 40.
„ über: J. Fr. *Mayer*: Katechismus des Feldbaues. Wien 1771. G. N. I. 68.
„ über: Ign. *Schifmüller*: Versuch eines Farbensystems. Wien 1772. G. N. I. 145.
„ über: Die Wiener k. k. Realhandlungs-Akademie im Jahre 1771. G. N. I. 223.
„ über: A. *Janscha:* Vom Schwärmen der Bienen. Wien 1771. G. N. I. 234.

Kritik über: Kurze Instruction den Ackerbau betreffend. Wien 1771. G. N. II. 63. 71.

„ über: Dan. G. *Schreber*: Die Eisenberge und Hüttenwerke zu Eisenerz in Steiermark. Leipzig 1762. G. N. II. 243.

Franz *Dembscher*: Betrachtungen über Grubenprofile und die Art selbe zu verfertigen. 1775. Priv. Ges. I. 145.

L. *Siegel*: Vorschläge zur Verbesserung des Gradbogens, dessen sich die Markscheider bedienen. 1775. Pr. G. I. 160.

Graf Franz *Kinský*: Vom Druck der Erde auf Futtermauern. 1777. Pr. G. III. 1.

Jos. Edl. v. *Edlersberg*: Schreiben über die Bearbeitung des Salzstockes zu Hallein im Salzburgischen. 1778. Pr. G. IV. S. 313.

F. *Müller*: Beschreibung der in Tyrol üblichen Art, das Stein- oder sogenannte Dürschenöl zu bereiten. 1782. Pr. G. V. 333.

Graf Franz *Kinský*: Ueber den Balkenschnitt. 1786. I. Folge. 2. Bd. S. 172.

Joh. *Mayer*: Woher hat Böhmen in älteren Zeiten sein Kochsalz genommen etc. 1789. I. 4. S. 249.

Alois *Miessl v. Zeileisen*: Beschreibung des Gebirges und Bergbaues bei Příbram in Böhmen. 1798. II. 3. 1. Abth. S. 20.

Graf Joach. *Sternberg*: Bemerkungen über den Feuergrad in hohen Oefen und über den Einfluss atmosphärischer Beschaffenheit auf metallurgische Arbeiten. 1795. II. 2. S. 29.

* Ant. *Riedl*: Beschreibung einer Brücke über die Theiss bei Titul u. s. w. 1798. II. 3. S. 137. Mit 1 Taf. Abbild.

* *Lampadius, Hermann, Schindler*: Drei Abhandlungen über die Preisfrage: Worin besteht der Unterschied zwischen Roheisen aus Hohenöfen und geschmeidigem Eisen aus Frischherden. Leipzig 1799. 4°. (Mit einer Vorrede von Gerstner.)

Fr. J. *Gerstner*: Aeusserung der kön. böhm. Gesellschaft der Wissenschaften an das hochlöbl. k. k. Landes-Gubernium: Ueber den Gebrauch der Steinkohlen zur Schonung des Holzes. 1800. III. 1. S. 16. (1804.)

Joh. Andreas *Scherer*: Ueber Gerbesäure in frischen und trockenen Pflanzenkörpern in Hinsicht auf Färbekunst und Gerberei. 1804. III. 1.

* Fr. Jos. *Gerstner*: Ueber die oberschlächtigen Wasserräder. Prag 1809.

* Jos. Wilh. *Knobloch*: Von den Mitteln und Wegen die mannigfaltigen Verfälschungen sämmtlicher Lebensmittel zu erkennen, zu verhüten und wo möglich aufzuheben. Eine genehmigte Preisschrift. Prag u. Leipzig. 1810. 2 Bände. 8⁰.

Joh. Georg *Megerle v. Mühlfeld*: Oesterreichs Färbepflanzen. Wien 1813. 8⁰.

* Fr. Jos. *Gerstner*: Zwei Abhandlungen über Frachtwägen und Strassen. 1813. III. 4.

„ Ueber die Festigkeit, Elasticität und Anwendung des Eisens bei dem Bau der Kettenbrücken. 1825. IV. 1. (1827.)

W. R. *Weitenweber*: Ueber das Satzmehl der Zwiebeln der Fritillaria imperialis. S. B. v. 10. Juli 1854.

C. *Amerling*: Beobachtungen einer eigenthümlichen Kartoffelkrankheit, der sogenannten Eintrocknung. S. B. v. 10. Dec. 1854.

„ Ueber die Siechperiode der Birken in den Kundratizer Waldungen. S. B. v. 19. Oct. 1857.

„ Ueber den Naturhaushalt der Wiesen. S. B. v. 23. Mai 1859.

9. Jus, Politik, Statistik etc.

Kritik über: J. v. *Sonnenfels*: Handlungs- und Finanzwissenschaft. Wien 1768. 1771. Gel. Nachr. I. 209. II. 212.

„ über die Schrift: Von dem Rechte des Landesfürsten, die geistlichen Personen und Güter zu besteuern. 2. Aufl. Freiburg 1770. G. N. I. 229.

„ über: Fr. K. *Zauschner*: Ueber die Zertheilung der Domänen im Königreiche Böhmen. Prag 1770. G. N. I. 287.

Kritik über: P. J. de Riegger: Pr. juris ecclesiastici Germaniae. Wien 1771. G. N. I. 337.

„ über: Ch. Krammer: Ueber die in Deutschland ausbrechenden Religionsbeschwerden. Wien 1770. G. N. I. 359.

„ über: B. Fritsch: De censorio judicio in religionis negotiis dissertationes. Nikolsburg 1771. G. N. II. 51.

„ über: C. A. de Martini: De lege naturali positiones. Wien 1770. G. N. II. S. 306.

* Ad. Voigt: Ueber den Geist der böhmischen Gesetze in den verschiedenen Zeitaltern. Eine Preisschrift. Dresden 1778. 4°.

* Handbuch für Böhmen (Schematismus) von der kön. böhm. Gesellschaft der Wissenschaften herausgegeben seit 1790 bis 1851. 62 Bände. 8°.

* Rückblicke auf das Leben und Wirken des verewigten k. k. österreichischen Staats- nnd Conferenz-Ministers Rudolf Grafen Chotek von Chotkowa und Wojnin. Prag 1827. IV. 1. S. 23—35.

Fr. Palacký: Ueber Victor Cornelius v. Wšehrd's: Neun Bücher von den Rechten, Gerichten und der Landtafel des Königreichs Böhmen. 1840. V. 1. (1841.) S. 29.

Paul Jos. Šafařík: Ueber die rechtliche Wette der alten Slawen und Lithauer: vzdání, traditio, poena vallata, vadium genannt. 1844. V. 3. (1845.) S. 27.

J. Er. Wocel: Ueber die gehegten Gerichte (soudy zahájené) in Böhmen. 1844. V. 3. (1845.) S. 30.

Jos. Müller: Ueber die Analogie des öffentlichen Volkslebens und der inneren Regierungs-Politik der westlichen Türken mit jenen des slawischen Mittelalters. 1844. V. 3. (1845.) S. 32—35.

W. W. Tomek: Ueber die verschiedenen Veruntreuungen der Prager Neustädter Schöffen zur Zeit König Wenzel IV. 1844. V. 3. (1845.) S. 35.

P. J. Šafařík: Ueber das sogenannte Statut oder Rechtsgesetzbuch von Poglizza. S. B. v. 7. Nov. 1853.

Fr. *Hulakowsky*: Bruchstücke aus einem grössern Werke: Příbuzenství. S. B. v. 1. Mai 1854.

W. *Hanka*: Ueber das Manuscript: Kniha Maydburských městských práv. S. B. v. 30. April 1854.

Matkowic: Ueber das Reich des räthselhaften Priesters Johannes. S. B. v. v. 31. März 1856.

Rob. *Zimmermann*: Ueber die Bedeutung der Philosophie zum Rechtsstudium. S. B. v. 31. Dec. 1855 u. 28. Jan. 1856, ferner v. 30. März 1857.

W. Fr. *Volkmann*: Ueber Kant's politische Ansichten. S. B. v. 2. März 1857.

W. W. *Tomek*: Ueber die Rechtsverhältnisse zwischen Böhmen und dem ehemaligen deutschen Reiche. S. B. v. 7. Dec. 1857.

Fr. *Čupr*: Ueber das Innungswesen und die Gewerbefreiheit. S. B. v. 25. Jan. 1858.

W. *Hanka*: Urkunde über die Satzungen und Rechte der Reichenauer Tuchmacherzunft. S. B. v. 10. Oct. 1859.

J. Er. *Wocel:* Ueber das altböhmische Erbrecht. S. B. v. 11. März 1861.

„ Ueber die Stellung der Frauen im altböhmischen Recht. S. B. v. 15. April 1861.

* „ O staročeském dědičném právu. V Praze 1861. Abhandl. V. Folge. 11. Bd.

„ Ueber die Unterthanenverhältnisse in Böhmen seit der ältesten bis in die neuere Zeit. S. B. v. 15. Juli 1861.

W. *Nebesky*: Ueber einige Gegenstände aus dem Leben der alten Griechen. S. B. v. 30. Dec. 1861.

J. Er. *Wocel*: Ueber die Geschichte des altböhmischen Rechtes und über die Quellen desselben. S. B. v. 17. März 1862.

Adalb. *Frühauf*: Ueber die handelspolitischen Verhältnisse des byzantinischen Reiches. S. B. v. 16. Febr., 16. März u. 22. Juni 1863.

Herm. *Jireček*: Ueber die Herausgabe eines Codex juris Bohemici. S. B. v. 17. Oct. 1864.

C. *Tieftrunk*: Ueber die alten Stadtrechte in Böhmen. S. B. v. 19. März 1866.

D. *Stojanow*: Ueber die altnationalen Sitten und Gebräuche der Bulgaren. S. B. v. 25. Juni 1866.

Fr. *Zoubek*: Geschichte der Gewerbe in Kostelec am Adler. S. B. v. 22. Oct. 1866.

10. Aesthetik, Kunstgeschichte etc.

Kritik über: J. v. *Sonnenfels*: Von der Urbanität der Künstler. Wien 1771. Gel. Nachr. I. 49. 1771.

Ueber die Abhandlung: Von dem, was die Menschen Humor nennen. Neue philosophische Betrachtung. Freiburg 1769. G. N. I. 75.

Ueber Bildnisse böhmischer Gelehrten, Künstler etc. G. N. II. 145. 257. 385.

Kritik über: *Köremon*: Natur und Kunst in Gemälden, Bildhauereien, Gebäuden etc. Leipzig 1770. G. N. II. 168.

Ad. *Voigt*: Von dem Alterthume und Gebrauche des Kirchengesanges in Böhmen. 1775. Priv. Ges. I. 200.

Gottfr. J. *Dlabač*: Abhandlung von den Schicksalen der Künste in Böhmen. 1798. II. 3. S. 107—139.

Tob. *Gruber*: Kritische Uebersicht der Linearperspective zur Vereinfachung und Versinnlichung des Unterrichtes für angehende Künstler. 1804. III. 1.

Max. *Millauer*: Böhmens Denkmale der Tempelherren. Sammt einer treuen Darstellung der Glasmalerei bei Sct. Anna zu Prag. 1822. III. 8. Mit 1 Taf. Abbild.

Jos. *Dobrowský*: Ueber die ehemaligen Abbildungen böhmischer Regenten und ihre Inschriften in der prager königl. Burg vor dem Brande 1541. Prag 1825. IV. 1. (1827.)

* Max. *Millauer*: Die Kirche zu Bohnitz. 1830. IV. 2. Mit 1 Taf. Abbild.

Fr. *Palacký*: Die älteste Epoche der schönen Kunst in Böhmen. 1836. „Vorträge." S. 15—21.

Bern. *Bolzano*: Ueber den Begriff des Schönen. Eine philosophische Abhandlung. 1845. V. 3. S. 1—92.

J. Er. *Wocel*: Andeutungen über die Architectur des Rund- und Spitzbogenstyles in Böhmen und Mähren. 1845. V. 4. (1847.) S. 12. 13. (Im Č. č. M. und eigends deutsch und böhmisch gedruckt.)

„ Ueber das sogenannte Bischofshaus in Kuttenberg. 1845. V. 4. (1847.) S. 14.

„ Ueber die Tendenzen der neuen böhmischen Poesie. 1846. (Als Einleitung zu „Labyrint Slávy" gedr.) V. 4. (1847.) S. 26.

„ Ueber die ältesten Spuren der Kunst in Böhmen. 1847. V. 5. (1848.) S. 18—21. (Im Č. č. M. 1847. II. 641.)

Bern. *Bolzano*: Ueber die Eintheilung der schönen Künste. V. 6. 1851. S. 133.

J. Er. *Wocel*: Ueber das Krucifix von Bronze, das in den Trümmern des im Jahre 1423 zerstörten Klosters Ostrow bei Dawle im Berauner Kreise aufgefunden worden. 1849. V. 6. (1851.) S. 23. 24. (Památky archaeol. I. Bd.)

Greg. *Zeithammer*: Ueber Bolzano's Gedicht: Poetae patriae illacrimanti Libussa venit obviam eumque de futuris consolatur. 1849. V. 6. (1851.) S. 29. 30.

Fr. *Čupr*: Ueber die Ideen des Schönen. 1851. VIII. Bd. 2. Nov.

* Fr. *Carrara*: De' scavi di Salona nel 1850. Memoria. Abhandl. V. Folge. 7. Bd. (1852.) Mit 5 Taf. Abbild.

J. Er. *Wocel*: Ueber die Entwickelung und Bedeutung der Schönheitsreihen. 1851. V. 7. (1852.) S. 31.

K. Wl. *Zap*: Ueber die St. Wenzels-Kirche im Dorfe Prosek bei Prag. 1851. V. 7. (1852.) S. 38.

J. Er. *Wocel*: Ueber die Entwickelung der christlichen Kunst. 1851. V. 7. (1852.) S. 41. 42—44. (Im Č. č. M. und auch besonders abgedruckt.)

„ Ueber den Begriff des Harmonischen und seine Bedeutung in der Aesthetik. V. 7. 1852. S. 57.

„ Ueber die Miniatur-Gemälde und Schriftzüge des ältesten Evangeliariums der Prager Domkirchen-Schatzkammer. 1852. V. 7. S. 48.

J. Er. *Wocel*: Ueber das Verhältniss der böhmischen Miniaturen zu den deutschen und italienischen Miniaturwerken. Sitz. Ber. 2. Nov. 1852. VIII. Bd. (Č. č. M. 1853.)

Const. *Höfler*: Ueber den deutschen Dichter „Muskatblüth". S. B. v. 8. Nov. 1852.

J. Er. *Wocel*: Ueber die Gemälde des Malers Thomas von Mutina in Karlstein und Treviso. S. B v. 3. Jan. 1853. V. 8. (Č. č. M.)

I. J. *Hanuš*: Ueber die ästhetische Bedeutenheit der hebräischen Dichtung „Šir Haširim". S. B. v. 4. Juli 1853. V. 8.

Jac. *Malý*: Ueber die Stellung, welche die Aesthetik in der Philosophie einnimmt. S. B. v. 4. Nov. 1853. V. 8. Č. č. M. 1853. 4. H. S. 693.

Karl *Storch*: Ueber die Eintheilung der schönen Künste. S. B. v. 6. Febr. 1854. V. 8.

Fr. *Doucha*: Einiges über Shakespeare's Dreikönigsabend. S. B. v. 25. April 1854.

„ Ueber Shakespeare's Drama: Julius Cäsar. S. B. v. 29. Mai 1854.

W. *Nebesky*: Ueber die Minnelieder König Wenzel's von Böhmen. S. B. v. 17. Juli 1854.

J. Er. *Wocel*: Ueber seine Methode bei der ästhetischen Analyse der altböhmischen Dichtungen. S. B. v. 4. Juni 1855.

„ Ueber die Dichtung „Nowá rada" des Smil von Pardubic. S. B. v. 8. Oct. 1855. (Im Č. č. M. 1855.)

Rob. *Zimmermann*: Ueber die von A. Zeising aufgestellte neue Proportionslehre des menschlichen Körpers. S. B. v. 28. Jan. 1856.

W. *Hanka*: Ueber zwei heilige Mysterienspiele in böhmischen Reimen. S. B. v. 14. April 1856.

Rob. *Zimmermann*: Beschreibung und Auslegung der Statue Laokoons. S. B. v. 10. Nov. 1856.

Jul. *Feifalik*: Ueber das Manuscript des Minneliedes König Wenzel's II. S. B. v. 9. Dec. 1856.

„ Ueber die Unächtheit der „Píseň krále Václava". S. B. v. 15. Dec. 1856.

Rob. *Zimmermann*: Darstellung und Kritik der Schleiermacherschen Aesthetik. S. B. v. 2. März 1857.

J. Er. *Wocel*: Ueber die in der Burg zu Neuhaus befindlichen Wandgemälde der St. Georgs-Legende. S. B. v. 30. Nov. 1857 u. 4. Jan. 1858. (Denkschr. der kais. Akad. 1859.)

„ Skizze seines Werkes über die Geschichte der Künste in Böhmen. S. B. v. 29. März 1858.

Rob. *Zimmermann*: Eine neue Eintheilung der Künste vom Standpuncte reiner Form. S. B. v. 31. Mai 1858.

M. *Hattala*: Vertheidigung der Echtheit des „Libušin soud" vom poetischen Standpuncte. S. B. v. 3. Jan. 1859.

J. Er. *Wocel*: Ueber die böhmischen Miniaturen des 16. Jahrhunderts. S. B. v. 11. April 1859. (Pam. arch. III. Bd.)

W. Fr. *Volkmann*: Philosophische Bedeutung der Charaktere der Hauptpersonen in Schiller's dramatischen Werken. S. B. v. 9. Mai 1859.

W. A. *Ambros*: Ueber die Entwickelung der Instrumentalmusik bei den Aegyptern. S. B. v. 17. Oct. 1859.

Ant. *Wrťátko*: Parthien aus seiner böhmischen Uebersetzung des Aristotelischen Organons. S. B. v. 12. Dec. 1859.

J. Er. *Wocel*: Ueber das Passional der Aebtissin Kunigunde und die Bedeutung desselben für die Kunst- und Culturgeschichte Böhmens. S. B. v. 20. Febr. 1860. (Pam. arch. IV. Bd)

„ Ueber die slawischen Runenzeichen auf den Idolen von Rhetra u. s. w. S. B. v. 23. April 1860.

J. V. *Grohmann*: Ueber die Echtheit des althochdeutschen Schlummerliedes. S. B. v. 29. April 1860.

W. A. *Ambros*: Ueber den sogenannten Anfiparnasso des Orazio Vecchi. S. B. v. 8. Oct. 1860.

Saul Isak *Kämpf*: Ueber Chalil, den Begründer der arabischen Metrik. S. B. v. 12. Nov. 1860.

W. A. *Ambros*: Ueber einige mittelalterliche Passionsspiele u. s. w. S. B. v. 8. April 1861.

Jos. *Dastich*: Ueber die Entwickelung des Begriffes des „Schönen" nach Thomas von Štitné. S. B. v. 10. Juni 1861.

W. *Nebesky*: Ueber die Eumeniden des Aeschylus. S. B. v. 25. Nov. 1861.

„ Ueber einige Gegenstände aus dem Leben der alten Griechen. S. B. v. 30. Dec. 1861.

Agath. *Klemt*: Ueber den technischen Begriff des romanischen Kirchenbaustyles. S. B. v. 13. Jan. 1862.

Jos. *Bayer*: Ueber das Wesen des Komischen u. s. w. S. B. v. 13. Jan. 1862.

W. A. *Ambros*: Ueber die Gewohnheit des 15. Jahrhunderts, ganze Messen und andere geistliche Compositionen über weltliche Volksweisen zu setzen. S. B. v. 6. Oct. 1862.

J. Er. *Wocel*: Ueber die ältesten in Böhmen vorkommenden Alterthumsobjecte, und insbesondere die Bedeutung der in den Gräbern vorhandenen Metallgegenstände. S. B. v. 19. Jan. 1863.

W. A. *Ambros*: Ueber die angebliche Rettung und Reform der Kirchenmusik durch Palästrina. S. B. v. 9. Febr. 1863.

W. Fr. *Volkmann*: Ueber das Wesen und die Schwierigkeiten der verschiedenen Farbentheorien unserer Zeit. S. B. v. 9. März 1863.

J. Er. *Wocel*: Die Baureste der Kirche des ehemaligen Cistercienserklosters Hradišt bei Münchengrätz. S. B. v. 7. März 1864. (Mittheil. der k. k. Centr. Comm. für Baudenkm. 1864.)

I J. *Hanuš*: Ueber das Verhältniss des prosaischen Styles zum poetischen und rhetorischen. S. B. v. 11. Juli 1864.

Rud. *Temple*: Zur Kenntniss der Ansiedelungen und darauf hindeutenden Denkmale auf der Terasse nördlich der Karpaten. S. B. v. 18. Juli 1864.

W. A. *Ambros*: Beitrag zur Geschichte der Musik. S. B. v. 10. Oct. 1864.

G. *Valentinelli*: Ueber die Bedeutung der Sculpturdenkmale für die Kenntniss des Alterthums. S. B. v. 24. Juli 1865.

W. A. *Ambros*: Ueber das berühmte Christusbild im Lateran. S. B. v. 12. März 1866.

* Georg *Bippart*: Beiträge zur Erklärung und Kritik des Virgilius. Prag 1868. Abhandl. VI. Folge. 2. Bd.

11. Sprachwissenschaft, Graphik.

Kritik über: J. *Sajnowicz*: Demonstratio, idioma Ungarorum et Lapponum idem esse. Tyrnau 1770. Gel. Nachr. I. 200.

Ad. *Voigt*: Untersuchung über die Einführung, den Gebrauch und die Abänderung der Buchstaben und des Schreibens in Böhmen. 1775. Priv. Ges. I. 164.

Gel. *Dobner*: Aufwerfung einer historisch-kritischen Frage: Ob das heut zu Tage sogenannte cyrillische Alphabet für eine wahre Erfindung des slawischen Apostels Cyrill zu halten sei? 1785. I. 1. S. 101.

„ Ueber das Alter der böhmischen Bibelübersetzung. 1789. I. 4. S. 283.

Jos. *Dobrowský*: Ueber den ersten Text der böhmischen Bibelübersetzung nach den ältesten Handschriften derselben, besonders nach der Dresdner. 1798. II. 3. S. 240.

„ Geschichte der böhmischen Sprache. 1790. II. 1. S. 311.

* „ Entwurf zu einem allgemeinen Etymologicon der slawischen Sprachen. 1813. III. 4.

Gottfr. Joh. *Dlabacz*: Nachricht von einem bisher noch unbekannten böhmischen Testamente. 1816. III. 5.

Math. *Kalina v. Jäthenstein*: Ueber die in Böhmen häufig vorkommende Verschiedenheit der Ortsnamen in deutscher und čechischer Sprache. 1825. IV. 1. (1827.)

Paul J. *Šafařík*: Ueber die ältesten Handschriften des böhmischen Psalters im 13. und 14. Jahrhundert. 1841. V. 1. S. 41. (Im Č. č. M.)

Fr. *Palacký*: Ueber einen russischen handschriftlichen Prolog über den heiligen Wenzel vom Jahre 1432. 1841. V. 2. S. 38.

Paul J. *Šafařík*: O nejstarších rukopisech českého žaltáře. 1843. V. 2. S. 111.

Jos. *Jungmann*: Modlitební knihy v rukopisech. 1843. V. 2. S. 131.

Fr. Lad. *Čelakowský*: O některých knihách obsahu nábožného. 1843. V. 2. S. 143.

Jos. *Jungmann*: Jana Bechynky spisy křesťansko-mravního obsahu. 1843. V. 2. S. 177.

W. *Hanka*: Český Cisiojanus. 1843. V. 2. S. 186. (Č. č. M.)

Jos. *Jungmann*: Tomáše ze Štítného Knihy naučení křesťanského. 1843. V. 2. S. 195.

W. *Hanka*: Výpisy Remešského a Ostromírského evangelium. 1843. V. 2. S. 204.

Jos. *Jungmann*: Ueber die von neueren Schriftstellern in böhmischen Aufsätzen häufig gemachten Fehler. 1843. V. 3. (1845.) S. 8. (Im Č. č. M.)

W. *Hanka*: Komedye česká o bohatci a Lazarovi. 1845. V. 3. S. 683.

„ Zrcadlo moudrosti svatého Crhy. 1845. V. 3. S. 686.

„ Cztenie zimnieho času. 1845. V. 3. S. 701.

„ Tři náboženské traktaty z 15. století filologicky vysvětleny. 1845. V. 3. S. 711.

P. J. *Šafařík*: Život pána Ježíše Krista. 1845. V. 3. S. 726.

„ Evangelium sv. Matouše s výkladem. 1845. V. 3. S. 739.

W. *Hanka*: Analogien in der Bildung böhmischer Zeitwörter. 1845. V. 4. (1847.) S. 8. (Im Č. č. M.)

P. J. *Šafařík*: Ueber einige Parthien aus der altböhmischen Grammatik. 1845. V. 4. (1847.) S. 10. (Vgl. Výbor z literatury české. V Praze 1845.)

W. *Hanka*: Ueber die Grundzüge der slawischen Kirchensprache. 1845. V. 4. (1847.) S. 12. (Gedruckt im „Evangelium Sazavo-Emautinum".)

„ Ueber den Charakter der cyrillischen Orthographie. 1845. V. 4. (1847.) S. 14.

P. J. *Šafařík*: Ueber die Schreibung der eigenen Fremdnamen in böhmischer Sprache. 1845. V. 4. (1847.) S. 20. (Im Č. č. M.)

„ Ueber die Bildung von Zeitwörtern in der slawischen Sprache durch Einschiebung der Consonanten in die Wurzelsylbe. 1846. V. 4. (1847.) S. 28. (Č. č. M.)

„ Ueber Erweiterungen der slawischen Verbalwurzel durch Anfügung von Consonanten. 1846. V. 4. (1847.) S. 29. (Č. č. M.)

„ Ueber die Verwandlung der Gutturalen in Palatale und Zischlaute in den slawischen Sprachen. 1846. V. 4. (1847.) S. 31. (Č. č. M.)

„ Etymologische Zergliederung der slawischen Zahlwörter. 1847. V. 5. (1848.) S. 24. (Č. č. M. 1848. I. u. 2. II.)

Grigoriewicz (aus Kasan): Ueber altslawisch-cyrillische Manuscripte in der europäischen Türkei. 1846. V. 5. (1848.) S. 7. (Č. č. M.)

P. J. *Šafařík*: Ueber die Anfänge der kirchenslawischen Literatur in Bulgarien (885—927). 1847. V. 5. (1848.) S. 21. (Č. č. M.)

K. J. *Erben*: Ueber die slawischen Monats-Namen. 1849. V. 6. (1851. Im Č. č. M.)

J. Er. *Wocel*: Denkmale der Lutizer Slawen. 1849. V. 6. (1851.) S. 25—28. (Č. č. M.)

Aug. *Schleicher*: Ueber die ursprüngliche Verschiedenheit des slawischen Infinitivs: TИ und des slawischen Supinums: TЪ. 1849. V. 6. (1851.) S. 19. (Č. č. M.)

Fr. *Lad. Čelakowský*: Ueber den Ursprung der Namen der Zahlen in der slawischen Sprache. 1850. V. 6. (1851.) S. 40. (Im Č. č. M.)

W. *Hanka*: Ueber Miklosič „Formenlehre", „Lautelehre" und „Lexikon". 1850. V. 6. (1851.) S. 47. 48. (Im Č. č. M.)

„ Körnloin zur altslawischen Palaeographie. 1851. V. 7. (1852.) S. 30. (Im Č. č. M.)

J. Er. *Wocel*: Ueber die Venetianer Handschrift: Benedicti Rinii Veneti liber de simplicibus vom Jahre 1415, welche bei Beschreibung von 432 Medicinalpflanzen zugleich deren lateinische, griechische, arabische, deutsche und slawische Namen enthält. S. B. v. 20. Dec. 1852. Abhandl. V. Folge. 8. Bd.

I. J. *Hanuš*: Ueber die Sprachwissenschaft als Naturwissenschaft im Allgemeinen und über die leichtere Durchführbarkeit eines Analogon der physiologischen Zellentheorie in derselben im Gegensatze der chemischen Molecular-Theorie insbesondere. S. B. v. 14. Febr. 1853. V. Folge. 8. Bd.

W. *Hanka*: Die ersten bisher bekannten böhmischen Hexameter, enthaltend einen Cisiojanus nebst einer Reihenfolge der ersten 24 Prager Bischöfe und Quatember-Namen. Nach einer Münchener Handschrift aus dem 13. Jahrhunderte. S. B. v. 9. Mai 1853. V. Folge. 8. Bd. (Č. č. M.)

Aug. *Schleicher*: Ueber die lithauische Sprache mit besonderer Berücksichtigung der slawischen. S. B. v. 6. Juni 1853. (Č. č. M. 27. Jg. 2. H. S. 320.)

Mart. *Hattala*: Kritische Würdigung des Werkes: „Fr. L. Čelakovského: Čtení o srovnávací mluvnici slovanské na universitě Pražské" nach den Grundsätzen seiner neuerschienenen Schrift: „Zvukosloví jazyka staro- i novočeského a slovenského." V Praze 1854. S. B. v. 27. Febr. u. 27. März 1854. V. Folge. 8. Bd.

P. J. *Šafařík*: Noch Einiges über das glagolitische Schriftwesen. S. B. v. 25. Oct. 1852.

W. *Hanka*: Ueber eine anatomische Handschrift des M. Ph. Dačický vom Jahre 1574. S. B. v. 10. Oct. 1853.

„ Ueber eine illustrirte Incunabel: Tractat o Mládency Marnotratnem vom Jahre 1515. S. B. v. 5. Dec. 1853.

„ Bemerkungen über die von K. Skvorcov herausgegebenen: Glossi Mater verborum. S. B. v. 3. Jan. 1854.

J. Er. *Wocel*: Ueber zwei altböhmische Bearbeitungen des geistlichen Romans: Barlaam und Josaphat. S. B. v. 22. Mai 1854.

W. *Hanka*: Mittheilungen über die sogenannte Wodňaner Handschrift. S. B.·v. 19. Juni 1854.

P. J. *Šafařík*: Ueber eine metrische Uebersetzung der Psalmen ins Böhmische. S. B. v. 16. Oct. 1854.

Aug. *Schleicher*: Ueber die Geschichte der Futurform im Slawischen und Deutschen. S. B. v. 8. Jan. 1855.

Fr. *Schohai*: Einige Parthien aus dessen Manuscript einer lateinischen Syntax auf böhmischer Basis. S. B. v. 5. Febr. 1855.

M. *Hattala*: Ueber das Verhältniss der altslawischen und cyrillischen Sprache zu den jetzigen slawischen Mundarten. S. B. v. 5. März 1855. (Č. č. M.)

W. *Hanka*: Zwei altböhmische Gedichte: Hádka duše s tělem. S. B. v. 2. April 1855. (Č. č. M.)

„ Schreiben über den Zustand der philologischen Literatur in St. Petersburg. S. B. v. 23. Juli 1855.

M. *Riedl*: Characteristik der magyarischen Sprache im Vergleiche zu den verwandten Sprachen u. s. w. S. B. v. 19. Nov. 1855.
* Const. *Höfler* u. P. J. *Šafařík*: Glagolitische Fragmente. Prag 1857. Abhandl. V. Folge. 10. Bd. Mit 5 Taf. Abbild.
J. Er. *Wocel*: Ueber die böhmischen Schriften des Johannes Hus. S. B. v. 21. Jan. u. 8. Febr. 1856.
I. J. *Hanuš*: Ueber das Verhältniss der drei böhmischen Uraspiranten h, j, v zu den entsprechenden Spiranten des indoeuropäischen Sprachsystems u. s. w. S. B. v. 23. März 1857.
„ Ueber die Frage, ob der heilige Kyrill glagolisch oder kyrillisch geschrieben? S. B. v. 27. April 1857.
M. *Hattala*: Deduction über die Spuren des alten Ablativs in der slawischen Sprache. S. B. v. 23. Mai 1857. (Č. č. M.)
P. J. *Šafařík*: Ueber den Ursprung und die Heimat des Glagolitismus. S. B. v. 26. Oct. 27. Nov. 1857.
M. *Hattala:* Ob der Mönch Chrabr ursprünglich glagolisch geschrieben? S. B. v. 15. März 1858. (Č. č. M.)
* I. J. *Hanuš*: Svatý Kyril nepsal kyrilsky, než hlaholsky. V Praze 1858. Abhandl. V. Folge. 10. Bd.
H. v. *Suchecki*: Einleitung zu seinen Untersuchungen in der polnischen Sprachkunde. S. B. v. 19. Juli 1858.
M. *Hattala*: Philologischer Beweis für die Echtheit des Libuša-Gerichtes. S. B. v. 29. Nov. 1858. (Č. č. M. 1859, 1860.)
H. v. *Suchecki*: Ueber den participialen Ursprung der slawischen Substantiva auf ę. S. B. v. 3. u. 31. Jan. 1859.
Jos. *Jireček*: Ueber die ältesten böhmischen Uebersetzungen der Bibel. S. B. v. 31. Jan. 1859. (Č. č. M. 1864.)
M. *Hattala*: O enklitickém š a ť co důkaze přesnosti rukopisu Zelenohorsk. a Kralodv. S. B. v. 6. Febr. 1860. (Č. č. M.)
Nowotny: Ueber das Futurum im Slawischen (I), Verba der 2. Classe. S. B. v. 6. Febr. 1860.
W. *Nebesky*: Ueber einige dunkle Bildungsstämme bei den slawischen Personennamen. S. B. v. 1. Oct. 1860.
Carl *Winařický*: Ueber das Verwandschaftsverhältniss der altkeltischen Sprache zu den neu-europäischen überhaupt und den slawischen insbesondere. S. B. v. 29. Oct. u. 26. Nov. 1860.

I. J. *Hanuš*: Ueber Iman. Kant's Vorrede zu dem Lithauischen Wörterbuche. S. B. v. 5. Nov. 1860.

W. *Zikmund*: Ueber den Genitiv im Böhmischen mit Beziehung auf das Lateinische und Griechische. S. B. v. 28. Jan. 1861.

J. Ev. *Purkyně*: Ueber den Begriff der Diphthongen, Triphthongen etc., mit Rücksicht auf ihre metrische Verwendung. S. B. v. 28. Oct. 1861.

Carl *Winařický*: Darstellung seines natürlichen Systems der böhmischen Sprache. S. B. v. 28. Oct. 1861.

M. *Hattala*: Ueber F. Bujaslew's historische Grammatik der russichen Sprache. S. B. v. 6. Mai 1862. (Č. č. M.)

I. J. *Hanuš*: Ueber die Redetheile und das Verhältniss des „Wortes" zum „Satze". S. B. v. 4. Jan. 1864.

M. *Hattala*: Ueber den Rhinesmus im Slawischen. S. B. v. 22. Febr. 1864.

„ Ueber das Verhältniss der russischen Grammatik zu den Ergebnissen der historischen Sprachforschung. S. B. v. 2. Mai 1864. (Č. č. M.)

H. v. *Suchecki*: Ueber den urslawischen Nasalvocal (polnisch). S. B. v. 4. Juli 1864.

I. J. *Hanuš*: Ueber das Verhältniss des prosaischen Styles zum poetischen und rhetorischen. S. B. v. 11. Juli 1864.

M. *Hattala*: Nochmals über das Verhältniss der russischen Grammatik zu den Ergebnissen der historischen Sprachforschung. S. B. v. 3. Oct. 1864.

B. *Jedlička*: Ueber die Entstehung und Beschaffenheit des zusammengesetzten Satzes. S. B. v. 2. Jan. 1865.

M. *Hattala*: Ueber die Veränderung der slawischen Consonanten. S. B. v. 8. Mai 1865.

* Georg *Bippart*: Beiträge zur Erklärung und Kritik des Horatius. Prag 1864. Abhandl. V. Folge. 13. Bd.

M. *Hattala*: Beweis, dass es im Neubulgarischen noch die Nasalvocale ą und ę gebe. S. B. v. 12. Juni 1865.

* „ De mutatione contiguarum consonantium in linguis slavicis. Pragae 1865. Abhandl. V. Folge. 14. Bd.

* I. J. *Hanuš*: Zkouška, jak by skladba a tvarosloví české návodem rozborným v nově uspořádati se daly. V Praze 1866. Abhandl. V. Folge. 14. Bd.

F. *Jedlička*: Ueber die Entwickelung der Sprache bis zur Entwickelung der sogennanten einfachen und unbekleideten Sätze. S. B. v. 27. Juli 1868.

M. *Hattala*: A. Schleicher und die slawischen Consonanzen. S. B. v. 16. Dec. 1868.

12. Philosophie, Pädagogik, Mythologie.

Kritik über: J. v. *Sonnenfels*: Ueber die Liebe für das Vaterland. Wien 1771. Gel. Nachr. 1771. I. 81.

„ über: *Storchenau*: Institutiones Logicae. Wien 1790. I. 305.

„ über: C. *John*: Institutiones philosophiae activae. Prag 1772. G. N. II. 17.

„ über: Abbé d' A. *Nouvelle*: Philosophie du bon sens. Wien 1771. G. N. II. 116.

„ über: J. v. *Sonnenfels*: Von der Bescheidenheit im Vortrage seiner Meinung. Wien 1772. G. N. II. 372.

Tob. *Gruber*: Denkschrift über Grösse und Ruhm. Prag 1792. 4⁰.

Koubek: Uebersetzung einer Partie rothreussischer Sprichwörter aus der Sammlung des Ilkiewicz. 1842. V. 2. S. 47.

Fr. *Exner*: Ueber Nominalismus und Realismus. 1842. V. 2. (1843.) S. 409.

Bern. *Bolzano*: Ueber einige logische Fragen, angeregt durch Exner's „Nominalismus und Realismus". 1842. V. 1. S. 71—78.

„ Versuch einer objectiven Begründung der Lehre von der Zusammensetzung der Kräfte. V. 1. (1843.) S. 425.

Fr. *Palacký*: Einige philosophische Thesen, welche im Anfange des 15. Jahrhunderts an der Prager Universität vertheidigt wurden. 1843. V. 3. (1845.) S. 13.

Fr. *Exner*: Ueber Leibnitzen's Universalwissenschaft. V. 3. (1845.) S. 163.

Fr. Lad. *Čelakowský*: Slawische Sprichwörter nach ihrem Inhalte geordnet. 1841. V. 2. (1843.) (Eigends gedruckt als: Mudrosloví národu slovanského v příslovích, von der Matice česká. 1851.)

* B. *Bolzano*: Versuch einer objectiven Begründung der Lehre von den drei Dimensionen des Raumes. V. 3. (1845.)

„ Untersuchung auf dem Gebiete der allgemeinen Sprachenkunde. 1845. V. 4. (1847.) S. 9. 12.

Fr. *Exner*: Ueber die Lehre von der Einheit des Denkens und Seins. V. 5. (1848.) S. 217.

Greg. *Zeithammer*: Ueber Wahrheit und Wahrheiten. 1849. V. 6. (1851.) S. 22. 24.

Herrm. v. *Leonhardi*: Ueber die wissenschaftliche Methode K. Chr. Fr. Krause's als ein neues Organon für die gesammte Wissenschaftsforschung und für besonnene Fortbildung des gesellschaftlichen Lebens. 1850. V. 6. (1851.) S. 51—54.

I. J. *Hanuš*: Ob es ein nothwendiges und wissenschaftliches Bindemittel gebe zwischen Philosophie und Mathematik? 1850. V. 6. (1851.) S. 56. (Im Č. č. M.)

Fr. *Čupr*: Ueber die wichtigeren Systeme der neuern Philosophie. 1851. V. 7. (1852.) S. 27. (Im Č. č. M.)

Herrm. v. *Leonhardi*: Lösung der Zweifel an der Giltigkeit des Gedankens und Urwesens. 1851. V. 7. (1852.) S. 27. 28.

„ Ueber das Verhältniss von Religion und Philosophie. 1851. V. 7. (1852.) S. 29. 30.

Carl *Storch*: Pansophistische Studien des J. A. Comenius. 1851. V. 7. (1852.) S. 29. (Im Č. č. M.)

I. J. *Hanuš*: Ueber die Hauptarten der menschlichen Welt- und Lebens-Anschauungen und deren historische Entstehung. 1851. V. 7. (1852.) S. 33. 34.

„ Ueber das Wesen der Sprichwörter überhaupt und über die Geschichte der slawischen Sprichwörtersammlungen insbesondere. Kritisirende Anzeige von Čelakovský's: „Die Weisheit des slawischen Volkes in seinen Sprichwörtern." 1851. V. 7. (1852.) S. 39. 40.

Herm. v. *Leonhardi*: Ueber das pädagogisch- und allgemein menschlich Wichtige der biologisch-morphologischen Botanik. Eine Rede in der Naturforscher-Versammlung zu Wiesbaden. Sitz. Ber. v. 15. Nov. 1852. V. Folge. 8. Bd.

I. J. *Hanuš*: Ueber die vergleichende Sprichwörterwissenschaft überhaupt und ihre beispielweise Anwendung bei lithauischen, russinischen, kaschubischen und weissrussischen Sprichwörtern insbesondere, mit Bezug auf die neuen, von der kais. russ. Akademie 1852 herausgegebenen weissrussischen und kaschubischen Sprichwörter-Sammlungen. S. B. v. 17. Jan. 1853. V. 8.

Carl *Storch*: Ueber die philosophische Auffassung der Erdgliederung. S. B. v. 21. März u. 13. Juni 1853. V. 8. (Č. č. M.)

Herm. v. *Leonhardi*: Ueber philosophische Propädeutik. S. B. v. 11. Juli 1853. V. 8.

Fr. *Čupr*: Ueber die Zielpunkte der Pädagogik. S. B. v. 12. Dec. 1853. V. 8.

Herm. v. *Leonhardi*: Verwahrung der Krause'schen Philosophie u. s. w. S. B. v. 2. Nov. 1852.

A. J. *Wrťátko*: Ueber den Gegensatz zwischen ἐν und πολλά im Sinne der Aristotelischen Metaphysik. S. B. v. 3. April 1854.

Jos. *Wenzig*: Ueber den philosophisch-religiösen Schriftsteller des 14. Jahrhundertes Thomas von Štitné. S. B. v. 26. Juni 1854.

Joh. H. *Löwe*: Zur Würdigung des speculativen Systems von Descartes. S. B. v. 24. Juli 1854.

Rob. *Zimmermann*: Ueber Leibnitzen's Conceptualismus. S. B. v. 23. Oct. 1854.

„ Leibnitzen's Verhältniss zur Begründung einer kais. Academie der Wissenschaften in Wien. S. B. v. 20. Nov. 1854.

Const. *Höfler*: Ueber die literarische Stellung Condrad's von Meniburg im Zeitalter Carl's IV. S. B. v. 20. Nov. 1854.

J. H. *Löwe*: Ueber eine bisher unbekannte Schrift Leibnitzen's: Refutation enédite de Spinoza par L. S. B. v. 18. Dec. 1854.

Jos. *Wenzig*: Ueber Thomas von Štitné's Schrift: Die Menschen und die Engel. S. B. v. 18. Dec. 1854.

I. J. *Hanuš*: Ueber Leibnitzen's Verdienste um die slawische Mythologie und Archäologie. S. B. v. 8. Jan. 1855.
Herrm. v. *Leonhardi*: Ueber Krause's Idee der Sprache. S. B. v. 15. Jan. 1855.
Rob. *Zimmermann*: Ueber ein rechtsphilosophisches Manuscript: Com. de Hoditz Libellus de hominis convenientia. S. B. v. 12 Febr. 1855.
Carl *Storch*: Uebersicht der leitenden Sätze aus Amos Komensky's pansophischem System. S. B. v. 10. April 1855.
Jos. *Ehrlich*: Ueber den Begriff der christlichen Philosophie und über die Thierseele. S. B. v. 4. Juni 1855.
J. II. *Löwe*: Theorie der Schlussmodi kategorischer Form. S. B. v. 2. Juli 1855.
* Rob. *Zimmermann*: Bericht über ein bisher unbekanntes rechtsphilosophisches Manuscript eines österreichischen Verfassers. Prag 1855. Abhandl. V. Folge. 9. Bd.
„ Ueber seine neueste Abhandlung: Leibnitz und Lessing. S. B. v. 31. Dec. 1855.
J. II. *Löwe*: Grundzüge einer Theorie des Selbstbewusstseins. S. B. v. 26. März u. 21. April 1856.
„ Ueber das Verhältniss der bedeutendsten speculativen Systeme zur Frage über das Ich. S. B. v. 16. Juni u. 14. Juli 1856.
Herrm. v. *Leonhardi*: Aus dessen Schrift: Ueber Glauben, Wissen und Leben. S. B. v. 5. Jan. u. 3. Febr. 1857.
W. R. *Weitenweber*: Ueber Prof. C. D. Schroff's Rectorats-Programm: Die Universität als Hilfsmittel u. s. w. S. B. v. 3. Febr. 1857.
W. Fr. *Volkmann*: Ueber Kant's politische Ansichten. S. B. v. 2. März 1857.
„ Ueber das persönliche Element der Kant'schen Philosophie. S. B. v. 30. März 1857.
Rob. *Zimmermann*: Ueber die Bedeutung der Philosophie zum Rechtstudium. S. B. v. 30. März 1857.
Fr. *Kwět*: Ueber die zwischen der Comenianischen Pansophie und Leibnitz'schen Universalwissenschaft obwaltenden Beziehungen. S. B. v. 4. Mai 1857.

J. H. *Löwe*: Ueber einen wichtigen Punct im System Spinoza's.
S. B. v. 4. Mai 1857.
W. Fr. *Volkmann*: Aus den Grundzügen der Aristotelischen
Psychologie. S. B. v. 30. Juni 1857.
J. H. *Löwe*: Ueber das Verhältniss der Fichte'schen Philosophie
zur Kant'schen. S. B. v. 2. Nov. 1857.
W. Fr. *Volkmann*: Studie über Aristoteles. S. B. v. 22. Febr.
1858.
Fr. *Kwět*: Ueber die Weltanschauung des J. A. Comenius. S. B.
v. 21. Juni 1858.
W. Fr. *Volkmann*: Kant's Urtheile über seine Vorgänger und
Zeitgenossen. S. B. v. 28. Juni 1858.
* Fr. *Kwět*: Leibnitz und Comenius. Prag 1857. Abhandl.
V. Folge. 10. Bd.
J. H. *Löwe*: Zergliederung der Einwürfe Zeno's gegen die Be-
wegung. S. B. v. 8. Nov. 1858.
Ant. *Wrťátko*: Ueber den Pythagoräischen Bund u. s. w. S. B.
v. 9. Mai 1859. (Č. č. M.)
W. Fr. *Volkmann*: Philosophische Bedeutung der Charaktere der
Hauptpersonen in Schiller's Dramen. S. B. v. 9. Mai
1859.
Ant. *Wrťátko*: Darstellung des Pythagoräischen Lehrsystems.
S. B. v. 6. Juni 1859. (Č. č. M.)
W. Fr. *Volkmann*: Ueber die culturhistorische Stellung der So-
kratischen Lehre. S. B. v. 17. Oct. 1859.
Const. *Höfler*: Festrede zu Schiller's 100jähriger Geburtsfeier.
S. B. v. 10. Nov. 1859.
Rob. *Zimmermann*: Vortrag über Schiller als Denker. S. B.
v. 10. Nov. 1859.
* „ Schiller als Denker. Prag 1859. Abhandl. V. Folge. 11. Bd.
Fr. *Kwět*: Ueber die Metaphysik bei Amos Comenius. S. B.
v. 14. Nov. 1859. (Č. č. M.)
I. J. *Hanuš*: Die mythische Bedeutsamkeit der slawischen Som-
mer-Sonnenwendefeste. S. B. v. 14. Nov. 1859.
Ant. *Wrťátko*: Ueber die Bedeutung des Zeus der griechischen
Mythologie. S. B. v. 9. Jan. 1860. (Č. č. M. 1859.)

J. H. **Löwe**: Ueber die Philosophie Fichte's und ihr Verhältniss zu Kant und Spinoza. S. B. v. 13. Febr. u. 16. April 1860.

Wilh. **Kaulich**: Ueber die Philosophie des Johannes Scotus Erigena. S. B. v. 13. Febr. 1860.

Fr. **Čupr**: Ueber das Leben und Lehrsystem des René Descartes. S. B. 12. März 1860.

* Wilh. **Kaulich**: Das speculative System des Johannes Scotus Erigena. Prag 1860. Abhandl. V. Folge. 11. Bd.

I. J. **Hanuš**: Spuren der Reste der ehemaligen Verehrung einer der Pallas Athene ähnlichen Göttin unter den heidnischen Slawen. S. B. v. 25. Juni u. 9. Juli 1860.

J. H. **Löwe**: Ueber die Wandlungen der Unsterblichkeitslehre J. G. Fichte's. S. B. v. 5. Nov. 1860.

Rob. **Zimmermann**: Lessing und die neuesten Ausleger der Aristotelischen Katarhsis. S. B. v. 3. Dec. 1860 u. 4. März 1861.

J. H. **Löwe**: Ueber das Verhältniss Fichte's zu Spinoza. S. B. v. 7. Jan. 1861.

Jos. **Dastich**: Ueber die Entwickelung des Begriffes des „Schönen" nach Thomas von Štitné. S. B. v. 10. Juni 1861.

* W. Fr. **Volkmann**: Die Lehre des Sokrates in ihrer historischen Stellung. Prag 1861. Abhandl. V. Folge. 11. Bd.

J. H. **Löwe**: Ueber die kosmischen Systeme der Griechen und insbesondere über Platon's Lehre von der Rotation der Erde. S. B. v. 8. Juli 1861.

Jos. **Dastich**: Ueber das Verhältniss des Glaubens zum Wissen nach Thomas von Štitné. S. B. v 7. Oct. 1861.

„ Ueber den Lehrbegriff vom Verhältniss des Glaubens zur Vernunft insbesondere, nach Thomas von Štitné. S. B. v. 4. Nov. 1861.

Wilh. **Kaulich**: Die Stellung Abälard's im Streite zwischen Nominalismus und Realismus. S. B. v. 2. Dec. 1861.

Const. **Höfler**: Forschungen in Betreff der Kämpfe der Nominalisten und Realisten in Prag 1409. S. B. v. 2. Dec. 1861.

W. Fr. *Volkmann*: Ueber die psychologischen Ansichten Spinoza's. S. B. v. 10. Febr. 1862.

J. V. *Grohmann*: Ueber Apollo Smintheus und die Bedeutung der Mäuse in der Mythologie der Indogermanen. S. B. v. 7. April 1862.

* I. J. *Hanuš*: O methodickém výkladu pověstí slovanských vůbec a o výkladu pověsti: Tři zlaté vlasy děda Vševěda zvlášť. V Praze 1862. Abhandl. V. Folge. 12. Bd.

„ Ueber die ältesten böhmischen und deutschen Uebersezzungen von Petrarca's Werke: De remediis utriusque Fortunae. S. B. v. 16. Juni 1862.

* Jos. *Dastich*: Rozbor filosofických náhledů Tomy ze Štítného o pojmu krásy a o poměru víry k rozumu. V Praze 1862. Abhandl. V. Folge. 12. Bd.

I. J. *Hanuš*: Ueber Inhalt und Form des Werkes: Hádání Pravdy a Lži, von Ctibor von Cimburk. S. B. v. 10. Nov. 1862.

Ant. *Wrťátko*: Ueber die Vorstellungen von Seele und Leib bei den heidnischen Böhmen. S. B. v. 3. Febr. 1863.

Jos. *Jireček*: Ueber die bozi und běsi der heidnischen Böhmen. S. B. v. 2. März 1863.

I. J. *Hanuš:* Ueber die slawische Ježi-Baba. S. B. v. 9. März u. 15. Juni 1863.

W. Fr. *Volkmann*: Ueber die philosophische Theorie vom Raume, und die Kant'sche Theorie insbesondere. S. B. v. 7. Dec. 1863.

I. J. *Hanuš*: Ueber ein böhmisches Manuscript von Hrubý z Jelení: Erasmi Rotterodami Encomia Moriae. S. B. v. 11. April 1864.

* „ Nástin báječných bytostí Baby a Děda atd. V Praze 1864. Abhandl. V. Folge. 13. Bd.

Georg *Bippart*: Ueber die Mythe der Griechen von der Entstehung der Welt. S. B. v. 6. Febr. 1865.

I. J. *Hanuš:* Die Wesenheit der slawischen Gottheit Svantovit und die Verbreitung seines Cultus auch über Böhmen. S. B. v. 3. April 1865.

„ Skeptische Bemerkungen über die slawische Göttin Živa. S. B. v. 19. Juni 1865.

* Wilh. *Kaulich*: Die Lehren des Hugo und Richard von St. Victor. Prag 1864. Abhandl. V. Folge. 13. Bd.

Jos. *Dastich*: Die neueren für die Psychologie der Sinne wichtigen Forschungen der Physiologie u. s. w. S. B. v. 1. u. 29. Febr. 1864.

H. v. *Leonhardi*: Ueber den Zusammenhang der Begriffe: Wesen, Innesein und Leben u. s. w. S. B. v. 10. Oct. 1864.

* Jos. *Dastich*: Ueber die neueren physiologisch-psychologischen Forschungen im Gebiete der menschlichen Sinne. Prag 1864. Abhandl. V. Folge. 13. Bd.

J. H. *Löwe*: Ueber die nächsten Ziele der heutigen Philosophie. S. B. v. 5. Dec. 1864.

„ Ueber die Idee des Guten und ihr Verhältniss zu der Idee Gottes. S. B. v. 9. Jan. 1865.

J. V. *Grohmann*: Ueber einige Krankheitsformen im Atharva-Veda und namentlich über Rudra als Heilgott. S. B. v. 17. Juli 1865.

I. J. *Hanuš*: Ueber das Wesen und den Ursprung der slawischen Mythologie. S. B. v. 9. Oct. 1865.

„ Der mythische Antheil in den Sagen von Čech, Krok, Libuša und Přemysl. S. B. v. 12. Febr. 1866.

Jos. *Dastich*: Ueber das Zustandekommen der räumlichen Gesichtsanschauung unter Berücksichtigung der physiologischen Mitbedingungen. S. B. v. 6. Nov. 1865.

Fr. *Čupr*: Ueber die Zustände der Seele nach ihrer Trennung vom Leibe u. s. w. S. B. v. 8. Jan. 1866.

„ Ueber Herbart's „Practische Ideen" mit Hinblick auf die allgemeine Aesthetik. S. B. v. 11. Febr. 1867.

J. V. *Grohmann*: Ueber den Yakshma im Atharva-Veda. S. B. v. 8. Jan. 1866.

I. J. *Hanuš*: Ueber die Sagen vom babylonischen Thurmbau u. s. w. S. B. v. 24. Juni 1867.

„ Ueber die Eintheilung des Jahres und der Monate bei den alten Slawen auf Grund deren Natur- und mythischer Ansichten. S. B. v. 30. Oct. 1867.

Jos. *Wenzig*: Ueber die Bedeutung und den Zweck der Volkserziehung. S. B. v. 11. Febr. 1867.

Fr. *Bialloblotzki*: Ueber den allgemeinen wissenschaftlichen Congress. S. B. v. 29. Juli 1867.

J. H. *Löwe*: Ueber die Ansichten früherer Jahrhunderte in Ansehung des Zeitpunctes der Beseelung des menschlichen Foetus u. s. w. S. B. v. 2. März 1868.

I. J. *Hanuš*: Kritische Studien über A. Comenius bibliographischen Brief an P. van Bergen. S. B. v. 30. März 1868.

Jos. *Wenzig*: O významu a úkolu vychovávání národního. S. B. v. 11. Febr. 1867.

* J. II. *Löwe*: Ueber ein angebliches ethisches Hinderniss der Abstammung der Menschheit von Einem Menschenpaar. Prag 1867. Abhandl. VI. Folge. 1. Bd.

I. J. *Hanuš*: Ueber den Teufel in den böhmischen Sprichwörtern. S. B. v. 23. Nov. 1868.

„ Ueber das lithauische Volksmährchen: Der Zimmermann, Perkunas und der Teufel. S. B. v. 21. Dec. 1868.

Em. *Komárek*: Conjecturen zur Libuša-Sage und der Grünberger Handschrift. S. B. v. 28. Dec. 1868.

13. Geschichte der Literatur, des Bibliotheks- und Unterrichts-Wesens.

Prager Universitäts-Lections-Katalog vom Jahre 1771. Gel. Nachr. I. 126.

Wiener Universitäts-Lections-Katalog etc. G. N. I. 141.

Tyrnauer Universitäts-Lections-Katalog etc. G. N. I. 174.

Zustand der Wiener k. k. Normalschule im Jahre 1771. G. N. I. 191.

Bibliothek der österreichischen Literatur. Wien 1770. G. N. II. 2.

Ueber des Naturforschers Keppler hinterlassene Manuscripte, deren Anzahl und Geschick. 1772. G. N. II. 140.

Ueber Abbildungen böhmischer Gelehrten. G. N. II. 145. 257. 385.

Ad. *Voigt*: Versuch einer Geschichte der Universität in Prag. 1. Abschn. 1348—1409. 1776. Priv. Ges. II. Bd. S. 287.

L. J. *Scherschnik*: Ueber den Ursprung und die Aufnahme der Bibliothek am Klementinischen Collegium zu Prag. 1776. Pr. G. II. 258.

Jos. *Dobrowský*: Ueber die Einführung und Verbreitung der Buchdruckerkunst in Böhmen. 1782. Pr. G. V. 228.

K. Raph. *Ungar*: Von dem Zustande der Schulen und der lateinischen Literatur in Böhmen vor Errichtung der hohen Schule zu Prag. 1784. Pr. G. VI. 127.

Ad. *Voigt*: Nachricht von merkwürdigen böhmischen Mäcenaten und einigen ihnen sowohl von einheimischen als auswärtigen Schriftstellern dedicirten Büchern. 1784. Pr. G. VI. 325.

K. Raph. *Ungar*: Versuch einer Geschichte der Bibliotheken in Böhmen. 1785. I. Folge. 1. Bd. S. 234.

Jos. *Dobrowský*: Literärische Nachrichten von einer auf Veranlassung der k. böhm. Gesellschaft im Jahre 1792 unternommenen Reise nach Schweden. 1795. II. 2. 125.

K. Raph. *Ungar*: Neue Beiträge zur alten Geschichte der Buchdruckerkunst in Böhmen. 1795. II. 25. 195.

Gottfr. J. *Dlabač*: Kurzgefasste Nachricht von der noch unbekannten Buchdruckerei zu Altenberg in Böhmen. 1798. Abhandl. II. Folge. 3. Bd. S. 140—160.

K. Raph. *Ungar*: Ueber den Zustand einiger Gymnasien in Böhmen unter der Aufsicht der Carolinischen Universität. 1798. II. 3. S. 173—208.

* G. J. *Dlabač*: Biographie des um die Wissenschaften sehr verdienten Böhmen Joh. Campanus von Wodnian, mit einem Verzeichnisse seiner bisher entdeckten Schriften. 1819. III. 6.

* Max. *Millauer*: Kritischer Beitrag zu Ad. Voigt's Versuch einer Geschichte der Universität zu Prag. 1820. III. 7.

* Gottfr. J. *Dlabač*: Johannes Chorinus. Nebst einem Verzeichnisse seiner bisher entdeckten Schriften. Prag 1821. III. 7.

Ant. *Spirk*: Geschichte der k. k. Universitätsbibliothek in Prag. 1843. V. 3. (1845.) S. 9.

W. W. *Tomek*: Ueber böhmische Schulzustände zur Zeit Kaiser Rudolf's II. 1845. V. 4. (1847.) S. 13. 15.

W. W. *Tomek*: Zur Geschichte der Prager Universität. 1847.
V. 5. (1848.) S. 15. (Erschien vervollständigt in böhmischen und deutschen Ausgaben.)
Fr. *Palacký*: Bericht über die historische Reise nach der Schweiz und dem südlichen Deutschland, besonders nach Basel. 1849. V. 6. (1851.) S. 31. 32. Nachtrag S. 39.
* W. R. *Weitenweber:* Ueber des Marsilius Ficinus: „Libri tres de vita studiosorum." 1852. Abhandl. V. 7. 45.
Karl *Storch*: Ueber Comenius: „De rerum humanarum emendatione consultatio catholica." 1852. V. 7. S. 49. 50.
J. Er. *Wocel*: Vergleichung des Manuscripts des h. Marcus-Evangeliums in der Schatzkammer der Marcus-Kirche zu Venedig mit jenem im Prager Domschatze. 1852. 8. Nov. V. Folge. 8. Bd. (Č. č. M. 27. Jg.)

14. Slawische Literaturgeschichte.

Kritik über: Kníže Honzyk. Veselá Cžinohra od jednoho Zátahu. Prag 1771. Gel. Nachr. I. 362.
Jos. *Dobrowský*: Ueber das Alter der böhmischen Bibelübersetzung. 1782. Priv. Ges. V. 300.
Gel. *Dobner*: Ueber das Alter der böhmischen Bibelübersezzung. 1789. I. 4. 283.
Jos. *Dobrowský:* Ueber den ersten Text der böhmischen Bibelübersetzung nach den ältesten Handschriften derselben, besonders nach der Dresdner. 1795. II. 3. 240.
Gottfr. J. *Dlabač*: Nachrichten von den in böhmischer Sprache verfassten und herausgegebenen Zeitungen. Prag 1803. III. 1.
* „ Nachrichten von einem bisher noch unbekannten böhmischen neuen Testamente. 1816. III. 5.
* Math. R. v. *Kalina*: Nachrichten über böhmische Schriftsteller, deren Lebensbeschreibungen bisher nicht bearbeitet sind. I. Heft. 1818. III. 5. Vorrede: Warum haben wir bisher keine geschlossene Geschichte oder kein kritisch-richtiges Lexicon der böhmischen Schriftsteller und Gelehrten?

Dann folgen: Schentigar, Aerichalkus, Proxenus a Sudetis, Polenta a Sudetis, J. Math. a Sudetis. — II. Heft. 1819. III. 6. J. Schindel, G. Handsch, Pet. Codicillus, Jak. Codicillus, Joh. Codicillus, M. Gr. Codicillus, Benj. Codicillus, Trojan Nigell. von Okořín, D. Fr. Kyblin von Waffenburg, Ig. Chr. Kyblin von Waffenburg. — III. Heft. 1827. IV. 1. Nachträge über die Familie a Sudetis, Simon Flagellus, Buček, Villaticus, Veit Flagellus aus Pisek, Prokop Lupač von Hlawačov aus Prag, Hieron. Strachotinský aus Prachatic, Martin Lupač aus Aujezd, Azzoni Josef, Franz, Peter, Dominik.

* P. J. *Šafařík* und Fr. *Palacký*: Die ältesten Denkmäler der böhmischen Sprache: Libušas Gericht, Evangelium Johannis, der Leitmeritzer Stiftungsbrief, Glossen der Mater verborum kritisch beleuchtet. Prag 1840. Mit 6 Blättern Facsimile. Abhandl. V. Folge. 1. Bd. S. 233.

P. J. *Šafařík*: Ueber die ältesten Handschriften des böhmischen Psalters (13. und 14. Jahrhundert). 1841. V. 1. S. 41. (Č. č. M. 1841.)

„ O nejstarších rukopisech českého žaltáře. 1843. V. 2. S. 111.

Jos. *Jungmann*: Modlitební knihy v rukopisech. 1843. V. 2. S. 131.

Fr. Lad. *Čelakovský*: O některých knihách obsahu nábožného. 1843. V. 2. S. 143.

W. *Hanka*: Přehled pramenův právních v Čechách. 1843. V. 2. S. 151.

Jos. *Jungmann*: Jana Bechynky spisy křesťansko-mravného obsahu. 1843. V. 2. S. 177.

W. *Hanka*: Český Cisiojanus. 1843. V. 2. S. 186.

Jos. *Jungmann*: Tomáše ze Štítného knihy naučení křesťanského. 1843. V. 2. S. 195.

W. *Hanka*: Výpisy Remešského a Ostromírského Evangelium. 1843. V. 2. S. 204.

P. J. *Šafařík*: Ueber die altslawischen, namentlich cyrillischen, Buchdruckereien in den südslawischen Ländern im 15—17. Jahrhunderte. 1842. V. 1. (1843.) (Č. č. M. 1842. I. S. 93.)

103

Jos. *Jungmann*: Tomáše ze Štítného: Rozmluvy nábožné. 1845. V. 3. S. 671.
W. *Hanka*: Smrti tanec. 1845. V. 3. 681.
„ Komedya česká o bohatci a o Lazarovi. 1845. V. 3. S. 683.
„ Zrcadlo moudrosti svatého Crhy. 1845. V. 3. S. 686.
„ Jakob Palaeologus i památník Matouši Kolínu z Chotěřiny postavený. 1845. V. 3. S. 696.
„ Cztenie zimnieho času. 1845. V. 3. S. 701.
„ Tři nábožné traktaty z 15. století filologicky vysvětleny. 1845. V. 3. S. 711.
P. J. *Šafařík*: Život pána Ježíše Krista. 1845. V. 3. S. 726.
„ Evangelium svatého Matouše s výkladem. 1845. V. 3. S. 739.
* *Rozbor staročeské literatury,* čítaný ve schůzkách král. české společnosti nauk sekcí filologické roku 1840 a 1841. Vyňato z pojednání král. české společnosti nauk, řady V. dílu 1. V Praze 1842.
Prof. *Grigoriewicz* (aus Kasan): Ueber altslawisch-cyrillische Manuscripte in der europäischen Türkei. 1846. V. 5. (1847.) S. 7.
P. J. *Šafařík*: Ueber die Anfänge der kirchenslawischen Literatur in Bulgarien. 1847. (885—927.) V. 5. (1848.) S. 11. (Č. č. M. 1848. 1.)
W. *Hanka*: Bibliographie der böhmischen Ausgaben Aesopischer Fabeln seit dem 15—19. Jahrhundert. 1848. V. 6. (1851.) S. 11. (Č. č. M.)
P. J. *Šafařík*: Ueber den gegenwärtigen Standpunct der glagolitischen Frage. 1849. V. 6. 1851. S. 20.
W. *Hanka*: Ueber eine Handschrift von Libuša's Prophezeiung in böhmischen Leoniden. 1849. V. 6. (1851.) S. 26. 27. (Č. č. M.)
Fr. *Palacký*: Ueber das Lehrsystem und die älteste Literatur der Taboriten. 1850. V. 6. (1851.) S. 40.
W. *Hanka*: Ueber die neuesten Leistungen der russischen Literatur. Briefliche Berichte. 1851. V. 7. (1852.) S. 33. (Č. č. M.)

K. J. *Erben*: Ueber Thomas von Štítné Leben und religiös-literarisches Wirken. 1851. V. 7. (1852.) S. 41. (Als Einleitung zu: Tomáše ze Štítného „Knížky šestery o obecných věcech křesťanských".)

I. J. *Hanuš*: Ueber Erben's „T. ze Štítného knížky šestery o obecných věcech křesťanských", sammt einer Anthologie der Gedanken Štítný's. 1851. V. 7. (1852.) 41. 42. 1852. S. 46.

W. *Hanka*: Ueber die ersten böhmischen Drucke. 1852. V. 7. S. 45. (Č. č. M.)

P. J. *Šafařík*: Ueber die älteste bekannte Periode der glagolitischslawischen Literatur. 1852. V. 7. S. 49. 56. 57. (Im Č. č. M. und noch vollständiger in „Památky hlaholského písemnictví". Prag 1853.) Abhandl. V. Folge. 8. Bd. Sitz. Ber. v. 25. Oct. 1852.

Jos. *Pečírka*: Bericht über die böhmischen literarischen Schätze in der königlichen Bibliothek zu Stockholm. 1852. V. 7. S. 50—54.

W. *Hanka*: Ueber ein Manuscript vom Jahre 1574 unter dem Titel: „Matouše Philomatesa Dačického: o vyvyšení a vysokém důstojenství lidského pokolení" etc. und dessen Verhältniss zur: „Zahrádka žen plodných" etc. vom Jahre 1577. Sitz. Ber. v. 10. Oct. 1853. V. Folge. 8. Bd.

P. J. *Šafařík*: Ueber das sogenannte Statut oder Rechtsgesetzbuch von Poglizza in Dalmatien, in der bosnisch-dalmatinischen Abart der Cyrillica geschrieben (1400—1725). S. B. v. 7. Nov. 1853. V. 8.

W. *Hanka*: Ueber die illustrirte Incunabel: „Traktát o mládenci marnotratném" vom Jahre 1515. S. B. v. 5. Dec. 1853. V. 8.

„ Ueber den Inhalt der in Petersburg 1853 erschienenen: „ГДОССЪI Mater Verborum" des Konst. Skworcow. S. B. v. 3. Jan. 1854. V. 8.

„ Ueber ein zu Königgrätz aufgefundenes Fragment eines kyrillischen Perikopen-Evangeliariums. S. B. v. 30. Jan. 1854. V. 8.

„ Ueber ein Manuscript enthaltend die von dem Caren Ivan Vasilevič an den böhmischen Bruder Rokyta gestellten Fragen. S. B. v. 1. Dec. 1856.

W. *Hanka*: Ein in Turnau aufgefundenes Blatt des glagolitischen Missals u. s. w. S. B. v. 29. Dec. 1856.

„ Ein Pergamenblatt mit einer böhmischen Legende vom heil. Georg. S. B. v. 23. Nov. 1857.

* Jos. *Jireček*: O českém prvotním překladu svatých evangelií a o obměnách jeho až do XV. století. V Praze 1859. Abhandl. V. Folge. 10. Bd.

W. *Hanka*: Einige böhmische Gedichte aus einem Codex aus dem Anfange des 15. Jahrhunderts von Mikul. v. Cosel. S. B. v. 19. Juli 1858.

P. J. *Šafařík*: Ein zu Innsbruck aufgefundenes Fragment mit glagolitischer Schrift. S. B. v. 3. Jan. 1859.

Jos. *Pečírka*: Ueber eine zu Stockholm entdeckte Handschrift einer böhmischen Legende von der heil. Katharina. S. B. v. 2. Mai 1859.

Ad. *Šafařík*: Notiz über zwei altslawische Handschriften. S. B. v. 10. Oct. 1859.

K. J. *Erben:* Ueber die von Dr. Pečírka aus Stockholm mitgebrachte St. Katharina-Legende. S. B. v. 5. Dec. 1859.

W. W. *Tomek*: Zur Auffindung der Grünberger Handschrift. S. B. v. 14. Febr. 1859.

W. *Hanka*: Bericht über die Schicksale und Aufbewahrung des Ostromirer Evangeliums. S. B. v. 28. Febr. 1859.

Fr. *Kwět*: Ueber die altböhmische Poesie aus der vorchristlichen Zeit. S. B. v. 12. Dec. 1859.

P. J. *Šafařík*: Ueber den Inhalt des Grünberger Fragmentes. S. B. v. 19. Dec. 1859.

Mart. *Hattala:* Ueber das Verhältniss der Königinhofer Handschrift zur slawischen Volkspoesie überhaupt und der serbischen insbesondere. S. B. v. 9. Jan. 1860.

„ Ein neuer Beweis für die Echtheit der Königinhofer und Grünberger Handschrift. S. B. v. 6. Febr. 1860.

`r. *Hulakowsky*: Bedeutung des Wortes und Zunamens „Šir". S. B. v. 17. März 1856.

J. *Hanka*: Ueber zwei Mysterienspiele in böhmischen Reimen. S. B. v. 14. April 1857.

W. *Hanka*: Ueber ein in Pest aufgefundes Pergamentblatt eines Missals mit glagolitischen Lettern, nebst Facsimilen. S. B. v. 9. Juni 1856.

„ Noch ein Blatt desselben glagolitischen Missals. S. B. v. 29. Dec. 1856.

M. *Hattala*: Ueber eine russische Legende vom heil. Alexius. S. B. v. 28. Febr. 1859.

P. J. *Šafařík*: Notiz über eine „altillyrische" Handschrift zu Oporto. S. B. v. 28. März 1859.

W. *Hanka*: Ein altböhmisches Gedicht: Žena zlobivá. S. B. v. 28. März 1859.

J. Er. *Wocel*: Ueber die kunsthistorische Bedeutung des minirten Passionals der Aebtissin Kunigunde, vom J. 1321. S. B. v. 20. Febr. 1860. (Ausführlich: Památky arch. 1860. Mittheil. der k. k. Centr. Comm. 1860, Märzheft.)

Erwin *Weyrauch*: Ueber die Handschriften des W. F. Kosmanecius in der Strahower Stiftsbibliothek. S. B. v. 5. März 1860.

W. *Hanka*: Ueber die älteste bisher bekannte böhmische Uebersetzung des Evangelium Nicodemi u. s. w. S. B. v. 11. Juni 1860.

„ Die merkwürdige eigenhändige Affiche des M. Johannes Hus als Rector. S. B. v. 11. Juni 1860. (Nebst Facsimile.)

Const. *Höfler*: Ueber den Codex Episcopi Bohemi in der Prager Universitäts-Bibliothek. S. B. v. 29. April 1861.

W. *Nebeský*: Gegen die Einwendungen Büdinger's über die Unechtheit der Königinhofer Handschrift. S. B. v. 20. Juni 1859.

„ Briefe des Prof. W. A. Swoboda aus den Jahren 1817—19, die Königinhofer Handschrift betreffend. S. B. v. 10. Oct. 1859.

Mart. *Hattala*: Nochmals über den Libušin soud. S. B. v. 2. April 1860.

I. J. *Hanuš*: Ueber einige neue literarische Funde in der Prager Universitäts-Bibliothek. S. B. v. 3. Juni u. 29. Juli 1861.

Ant. *Wrťátko*: Ergebnisse seiner Lesung der Königinhofer Handschrift auf Grundlage des Originals und die von ihm veranstalteten Photographien. S. B. v. 2. Nov. 1861. (Erschien auch seperat: Rukopis Kralodv. Vydání fotografické. 1862.)

I. J. *Hanuš*: Noch einige literarische Funde in der Prager Universitäts-Bibliothek. S. B. v. 31. März 1862.

„ Ueber das Verhältniss der von Simon Lomnický verfassten melodramatischen Vorspiele zu den älteren kirchlichen und nationalen Osterspielen. S. B. v. 13. Oct. 1862.

* W. *Hanka*: Čtenie Nikodemovo: co se dalo při umučení páně. Pověst krásná atd. V Praze 1860. Abhandl. V. Folge. 11. Bd.

Ant. *Wrťátko*: Ueber zwei böhmische Interlinear-Glossen der Mater verborum u. s. w. S. B. v. 30. Dec. 1861.

I. J. *Hanuš*: Ueber ein Pergamentfragment mit einem Bruchstück eines altböhmischen Gedichtes und zugleich der Nibelungen in der Prager Universitäts-Bibliothek. S. B. v. 3. Febr. 1862.

* Jak. Fr. *Gołowacki*: O rukopisnom molitvenniké staročešskom z XIV—XV. věka. V Praze 1861. Abhandl. V. Folge. 11. Bd.

I. J. *Hanuš*: Weitere literarische Funde in der Prager Universitäts-Bibliothek. S. B. v. 10. Febr. 1862.

Ant. *Wrťátko*: Ueber die handschriftlichen lateinischen und böhmischen Texte des alten biblischen Romans: Oseneth, Tochter Potiphars u. s. w. S. B. v. 6. Mai 1862.

I. J. *Hanuš*: Die culturgeschichtliche und literarische Wirksamkeit des Jesuiten Ant. Konias. S. B. v. 15. Dec. 1862.

J. Er. *Wocel*: Ueber die Echtheit der Königinhofer Handschrift, nach Jos. und Herm. Jireček. S. B. v. 30. März 1863.

W. *Nebeský*: Ueber die Volkslieder der Neugriechen. S. B. v. 3. April 1863.

Ant. *Wrťátko*: Zwei böhmische Manucripte des antiken Romans Apollonius Tyrius. S. B. v. 4. Mai u. 6. Juli 1863.

I. J. *Hanuš*: Ueber die zwei Ausgaben des verspäteten Theiles von Hanka's: Starobylá skládanie. S. B. v. 26. Juli 1863.

„ Kritische und skeptische Bemerkungen über den Text und die Miniaturen des sogenannten Passionals der Aebtissin Kunigunde. S. B. v. 5. u. 12. Oct. 1863.

„ Ueber ein neuaufgefundenes altböhmisches Kirchenlied: O božím tiele, in der Prager Universitäts-Bibliothek. S. B. v. 9. Nov. 1863.

J. Er. *Wocel:* Entgegnung auf Herrn Dr. Hanuš's kritische und skeptische Bemerkungen u. s. w. S. B. v. 18. April 1864.

Joh. *Kolář*: Zwei altslawische Legenden über die heil. Cyrill und Method. S. B. v. 31. Oct. u. 28. Nov. 1864.

I. J. *Hanuš*: Ueber die unter dem Namen: Sprochy vajovské bekannten Sentenzen. S. B. v. 2. Oct. 1865.

„ Ueber zwei lateinisch-böhmische Hymnarii. S. B. v. 27. Nov. 1865.

„ Von den Grundlagen der böhmischen Literaturgeschichte der ältesten heidnischen Zeiten. S. B. v. 4. Dec. 1865.

„ Ueber Inhalt, Zweck und Form des sogenannten Homiliars eines Prager Bischofs aus dem 12. Jahrhunderte. S. B. v. 12. Nov. 1866.

Joh. *Kolář*: Ueber eine böhmisch-glagolische Bibel in der Prager Universitäts-Bibliothek. S. B. v. 3. Dec. 1866.

I. J. *Hanuš*: Ueber jene Werke Dobrowsky's, die nicht in das Gebiet der Linguistik und Literaturgeschichte gehören. S. B. v. 13. Juli 1863.

„ Nachträgliche Bemerkungen zur culturgeschichtlichen und literarischen Wirksamkeit des Jesuiten A. Konias. S. B. v. 1. Febr. 1864.

„ Ueber einige handschriftliche Belege zur böhmischen Culturgeschichte. S. B. v. 13. Juni 1864.

„ Zur literärischen Wirksamkeit Jos. Linda's. S. B. v. 31. Oct. 1864.

„ Ueber den Begriff der Literaturgeschichte im Unterschiede von blosser Literärgeschichte und Bibliographie. S. B. v. 7. Nov. 1864.

„ Ueber das Alter und die Glaubwürdigkeit der Mater verborum. S. B. v. 6. Febr. 1865.

Emil *Komárek*: Ueber die Verfasser und den Sammler der Königinhofer Handschrift. S. B. v. 30. Oct. 1865.

I. J. *Hanuš*: Ueber Auffindung und Analyse der Grünberger Handschrift (Libušin soud). S. B. v. 12. Mai 1866.

K. J. *Erben*: Einleitung zu dessen Uebersetzung von Nestor's russischen Annalen. S. B. v. 4. Febr. 1867.

C. *Tieftrunk*: Die wichtigsten Charakteristiken der Königinhofer Handschrift und ihre Bedeutung u. s. w. S. B. v. 18. März 1867.

I. J. *Hanuš*: Ueber Inhalt und Form des Werkes: Hádání Pravdy a Lži von Ctibor von Cimburk. S. B. v. 10. Nov. 1862.

W. R. *Weitenweber*: Ueber ein fliegendes Blatt: Newton und Leibnitz. S. B. v. 23. Febr. 1863.

„ Bemerkungen über C. Sundewal's Buch: Die Thierarten des Aristoteles von den Classen u. s. w. S. B. v. 14. März 1864.

„ Einige historische Notizen über die Academia Leopoldino-Carolina Naturae Curiosorum. S. B. v. 17. Febr. 1868.

Ferd. *Schulz*: Ueber einen neu aufgefundenen Brief des A. J. Comenius an seinen Verleger P. Montanus. S. B. v. 23. März u. 27. April 1868.

I. J. *Hanuš*: Kritische Studien über des Comenius bibliographischen Brief. S. B. v. 30. März 1868.

„ Ueber das mittelalterliche philosophische Gedicht: Alani de insulis Anticlaudianus. S. B. v. 26. Oct. 1868.

„ Ueber die astronomische und astrologische Literatur der Böhmen im 16. Jahrhundert u. s. w. S. B. v. 2. Juni 1862.

„ Ueber die diätetische Literatur der Böhmen im 16. Jahrhundert. S. B. v. 8. Juni 1863.

„ Ueber die Quellen der böhmischen Literaturgeschichte. S. B. v. 10. Dec. 1866 u. 14. Jan. 1867.

* „ Literární působení Josefa Dobrovského, co příspěvek k dějinám literatury České. V Praze 1867. Abhandl. VI. Folge. 1. Bd.

„ Die Einführung des Schriftthums in Böhmen in der Zeit des Uebergangs des Heidenthums ins Christenthum. S. B. v. 16. April 1866.

„ Ueber die Pflege der böhmischen Literaturgeschichte am Ende des 18. und im Beginne des 19. Jahrhundertes. S. B. v. 3. Juni 1867.

Joh. *Kolář*: Ueber eine böhmische Bibel aus dem 15. Jahrhunderte zu Moskau. S. B. v. 4. März 1867.

I. J. *Hanuš*: Ueber einige Widersprüche im Liede Beneš Heřmanov der Königinhofer Handschrift. S B. v. 29. Juli 1867.
„ Ueber die Uebersetzung der Revelationen der heil. Brigitta von Thomas von Štítné. S. B. v. 29. Juli 1867.
„ Das Gedicht: „Májový sen" ist nicht von Heinrich von Poděbrad. S. B. v. 28. Oct. 1867.
„ Erneuerte Analyse des böhmischen und deutschen Liedes unter dem Wyšehrad. S. B. v. 25. Nov. u. 16. Dec. 1867.

Emil *Komárek*: Ueber das Verhältniss des Gedichtes Čestmír der Königinhofer Handschrift zur Geschichte und Kritik der Neklansage. S. B. v. 13. Jan. 1868.

I. J. *Hanuš*: Ueber die sogenannte prosaische Uebersetzung des böhmischen Dalimil. S. B. v. 27. Jan. 1868.
„ Ueber die Auffassungen Legis-Glückselig's und Šembera's seitens der gefälschten Handschriften in der böhmischen Literatur u. s. w. S. B. v. 10. Febr. 1868.
„ Analyse des Werkes Anti-Al-Koran des Budovec von Budova 1614. S. B. v. 22. Juni 1868.
„ Ueber eine böhmische Beichtformel aus dem 14. Jahrhundert. S. B. v. 20. Juli 1868.
* „ Quellenkunde und Bibliographie der böhmisch-slawischen Literaturgeschichte vom Jahre 1348—1868. Prag 1868.
* Fr. *Schulte*: Die canonistischen Handschriften der Bibliotheken Prags. Mit 4 Taf. Abbild. Prag 1868. Abhandl. IV. Folge. 2. Bd.

15. Werke zur Geschichte der königl. böhm. Gesellschaft der Wissenschaften gehörend.

Prager gelehrte Nachrichten. 1. Bd. 1771 bei W. Gerle. 8⁰. 2. Bd. 1772.

Abhandlungen einer Privatgesellschaft in Böhmen zur Aufnahme der Mathematik, der vaterländischen Geschichte und der Naturgeschichte, zum Druck befördert von Ignatz Edlen von *Born*. 8⁰. 1775—1784. 6 Bände.

Abhandlungen der böhm. Gesellschaft der Wissenschaften.
4⁰. 1785—89. 4 Bände. Prag und Dresden. *(Sogenannte
I. Folge.)*
Geschichte der böhm. Ges. der Wiss. im J. 1785. Im 1. Bd. der
I. Folge. (1785.)
Einrichtung und Gesetze der böhm. Gesellschaft der Wissenschaften. 4⁰. 1786.
Rede in der böhm. Gesellsch. der Wissenschaften gehalten am 12.
August 1786, als dem durchl. Fürsten Karl Egon Fürstenberg, ihrem ersten Präsidenten, ein öffentliches Denkmal aufgerichtet wurde. Sammt einer Da stellung desselben als Vignette. 4⁰. 1786 von J. *Mayer.* Die Biographie (1729+ 1787) s. I. Folge. 3. Bd. S. 1.
Geschichte der böhm. Ges. der Wiss. im J. 1786. I. 2. (1786.)
„ der böhm. Ges. der Wiss. im J. 1787. I. 3. (1787.)
„ der böhm. Ges. der Wiss. im J. 1788. I. 4. (1789.)
Neuere Abhandlungen der böhm. Ges. der Wiss. Prag und Dresden. 1790 - 1798. 3. 4⁰. *(Sogenannte II. Folge.)*
Geschichte der böhm. Ges. der Wiss. von den J. 1789 und 1790.
Im 1. Bd. II. Folge. (1790.)
„ der böhm. Ges. der Wiss. von den J. 1791—1795. Im 2. Bd. II. Folge. (1795.)
„ der böhm. Ges. der Wiss. von den J. 1796 u. 1797. Im 3. Bd. II. Folge. (1798.)
Abhandlungen der königl. böhm. Gesellschaft der Wissenschaften. 8⁰. Prag 1804—1824. 8 Bände. *(Sogenannte III. Folge.)*
Geschichte der königl. böhm. Ges. der Wiss. in den Jahren 1798—1804. Im 1. Bd. der III. Folge. (1804.)
„ der königl. böhm. Ges. der Wiss. in den Jahren 1804— 1809. Im 3. Bd. der III. Folge. (1814.)
„ der königl. böhm. Ges. der Wiss. in den Jahren 1809— 1814. Im 3. Bd. der III. Folge. (1814.)
Namenverzeichniss der Mitglieder der königl. böhm. Ges. der Wiss. im Jahre 1813 (als Nachtrag). Im 4. Bd. der III. Folge. (1818.)
Geschichte der königl. böhm. Ges. der Wiss. in den Jahren 1814—1817. Im 5. Bd. der III. Folge. (1818.)

Abhandlungen der königl. böhm. Ges. der Wiss. im Jahre 1818. (5. Bd. der III. Folge.)

Geschichte der königl. böhm. Ges. der Wiss. in den Jahren 1817—1819. Im 6. Bd. der III. Folge. (1820.)

„ der königl. böhm. Ges. der Wiss. in den Jahren 1820 und 1821. Im 7. Bd. der III. Folge. (1822.)

„ der königl. böhm. Ges. der Wiss. in den Jahren 1822 und 1823. Im 8. Bd. der III. Folge. (1824.)

* Max. *Millauer*: Uebersicht sämmtlicher in den bisherigen Bänden von Abhandlungen der königl. böhm. Ges. der Wiss. vorkommenden Aufsätze. Prag 1823. 8⁰. (Auch im 8. Bd. der III. Folge. 1824.)

„ Verzeichniss der Biographien verstorbener Mitglieder bis zum Jahre 1823. S. 50. der „Uebersicht".

Abhandlungen der königl. böhm. Ges. der Wiss. vom Jahre 1822 und 1823. Prag 1824. (Aus dem 8. Bd.)

„ der kön. böhm. Ges. der Wiss. Prag 1827—1837. Neue Folge. 8⁰. 5 Bände. *Sogenannte IV. Folge*. (Enthaltend Abhandlungen von den Jahren 1824—1837.)

„ der königl. böhm. Ges. der Wiss. von den Jahren 1824—1826. Prag 1827. (Aus dem 1. Bd. der IV. Folge.)

Geschichte der königl. böhm. Ges. der Wiss. in den Jahren 1824—1826. Im 1. Bd. der IV. Folge. (1827.)

* *Vorträge*, gehalten bei Gelegenheit der feierlichen Einführung Sr. Exc. Franz Grafen von Kolowrat am 14. Mai 1825 als Präsidenten der königl. böhm. Ges. der Wiss. Im 1. Bd. IV. Folge. (1827.)

M. Al. *David* (Secretär der Gesellschaft): Anrede an den Hrn. Präsidenten der königl. böhm. Ges. der Wiss., Franz Grafen von Kolowrat am 14. Mai 1825. Im 1. Bd. IV. Folge. S. 1—5. (1827.)

Franz Graf von *Kolowrat* (Präsident der Gesellschaft): Rede in der königl. böhm. Ges. der Wiss. am 14. Mai 1825. Im 1. Bd. IV. Folge. S. 7. (1827.)

Abhandlungen der königl. böhm. Ges. der Wiss. in den Jahren 1827—1830. (Aus dem 2. Bd. der IV. Folge. 1830.)

Geschichte der königl. böhm. Ges. der Wiss. in den Jahren
1827—1830. Im 2. Bd. der IV. Folge 1830.
Verzeichniss sämmtlicher Mitglieder der königl. böhm. Ges. der
Wiss. im Jahre 1833. Im 3. Bd. der IV. Folge 1833.
* *Bibliothek* der königl. böhm. Ges. der Wiss. zu ihrem Privatgebrauche alphabetisch verzeichnet von Dr. Jakob Phil.
Kulik. Prag 1835. 8⁰.
* *Vorträge* gehalten in der öffentlichen Sitzung der königl.
böhm. Ges. der Wiss. bei ihrer ersten Jubelfeier am 14.
Sept. 1836. Prag 1837. 8⁰.
Franz Ant. Graf *Kolowrat Liebsteinsky* (Präsident): Eröffnungsrede bei der Jubelfeier. „Vorträge." 1837. S. III.
Math. Ritter v. *Kalina* (Secretär der Gesellschaft): Geschichtlicher Ueberblick des fünfzigjährigen Wirkens der Gesellschaft. S. 1—14. „Vorträge." 1837.
Personalstand der königl. böhm. Ges. der Wiss. am 14. Sept.
1836, als in Gegenwart Sr. Maj. des Kaisers und Königs
Ferdinand I. (stellvertreten durch Allerh. Ihren Bruder
Se. kais. Hoheit den Erzherzog Franz Karl) die erste
fünfzigjährige Jubelfeier begangen wurde. Prag 1836. (In
den „Vorträgen". S. 89—98. 1837.)
Math. Ritter v. *Kalina*: Verzeichniss der seit der Begründung
der königl. böhm. Ges. der Wiss. bis zu der am 14. Sept.
1836 begangenen Feier ihres 50jährigen Daseins verstorbenen Mitglieder derselben. („Vorträge." 1837. S. 99—110.)
„ Die Preisaufgaben der königl. böhm. Ges. der Wiss. seit
1784. („Vorträge." 1837. S. 8—10.)
Geschichte der königl. böhm. Ges. der Wiss. vom Jahre 1831
bis zum Schlusse des Jahres 1836 im 4. Bande der IV.
Folge. Prag 1837. (Der 5. Bd. enthält nur Abhandlungen.)
Abhandlungen der königl. böhm. Ges. der Wiss. Prag 1837.
Aus dem 4. Bd. der IV. Folge.
Statuten der königl. böhm. Ges. Prag 1837. 4⁰. (Entworfen
1834, genehmigt 1837.) Auch im 1. Bd. V. Folge. S. 6—8.
abgedruckt.
* *Abhandlungen* der königl. böhm. Ges. der Wiss. *V. Folge.* 4⁰.
Prag seit 1841—1868. 14 Bände.

Geschichte der königl. böhm. Ges. der Wiss. in den Jahren
1837—1840. Im 1. Bd. der V. Folge. 1841.
Berichte über die Verhandlungen der königl. böhm. Ges. der
Wiss. in ihren Sections-Versammlungen von 1840 und
1841. Prag 1842. 4⁰. (Auch im 2. Bd. V. Folge.)
Geschichte der Gesellschaft in den Jahren 1841 und 1842. Im
2. Bd. V. Folge. Prag 1843.
„ der Gesellschaft in den Jahren 1843 und 1844. Im 3. Bd.
V. Folge. Prag 1845.
„ der Gesellschaft in den Jahren 1845 und 1846. Im 4. Bd.
V. Folge. Prag 1847.
„ der Gesellschaft im Jahre 1847. Prag 1848. Im 5. Bd.
V. Folge.
„ der Gesellschaft in den Jahren 1848, 1849, 1850. Prag
1851. Im 6. Bd. V. Folge.
Neue Statuten der königl. böhm. Ges. der Wiss. Im 6. Bd.
V. Folge. S. 5. (1848—1850.)
Geschichte der Gesellschaft in den Jahren 1851 und 1852. Im
7. Bd. V. Folge. Prag 1852.
Statuten der königl. böhm. Ges. der Wiss. Im 7. Bd. V. Folge.
S. 5—8. (1851. 1852.)
* I. J. Hanuš: Systematisch und chronologisch geordnetes Verzeichniss sämmtlicher Werke und Abhandlungen der königl. böhm. Ges. der Wiss. Prag 1854.
W. R. Weitenweber: Jahresberichte für die Jahre 1859—1866.
* Abhandlungen der königl. böhm. Gesellschaft der Wiss. VI.
Folge. 1. Band. Prag 1868.
J. Er. Wocel: Geschichte der königl. böhm. Ges. der Wiss. (s.
Abh. VI. Folge. 1. Bd.)
Statuten der königl. böhm. Ges. der Wiss. 1868. (s. Abh. VI.
Folge. 1. Bd.)
Wechselverkehr der Gesellschaft. 1868. (Ebendaselbst.)
Personalstand der königl. böhm. Ges. der Wiss. im Febr. 1869.
—— . (Ebendaselbst.)

Namen-Register.

Alexander J., 57.
Ambros August Wilh., 83. 84.
Amerling Carl, 18. 22. 23. 28. 30. 34. 35. 36. 37. 39. 40. 41. 42. 46. 77.
Arnold Can., 54.
Ayrer G. H., 57.
Balling Carl Nap., 12. 21.
Burrande Joachim, 28. 30.
Bauer J. H., 23.
Baumert Ch., 21.
Bayer Josef, 84.
Becher David, 20. 33. 43.
Berchtold Friedr. Graf v., 33.
Bergenhold (s. Schmidt).
Bergmann Tobias, 24.
Bialloblotzki Friedrich, 99.
Bippart Georg, 60. 84. 90. 97.
Bischoff Th., 43.
Bittner Adam, 2. 6.
Biwald, 22. 30.
Bloch Mark. Elias, 37.
Boczek A., 63.
Böhm Jos. Georg, 3. 4. 5. 8. 13. 14. 15. 74.
Bohadsch Johann, 47.
Bolzano Bern., 6. 71. 72. 78. 91. 92.
Bonfini A., 57.
Born Ignaz Edl. v., 23. 24. 25. 47. (Biogr. 70.)
Brunner A. A., 43.
Bubna J. Em. Graf v., 24.
Campanus Joh. v. Wodnian (Biogr. 70.)
Carrara F., 56. 81.
Castelli Carl, 24.
Cauchy M. A. L., 12.
Cauz C. F. v., 54.
Chorinus Johannes (Biogr. 70.)
Chotek J. Rud. Graf v. (Biogr. 70.) 78.
Clausnitz Ad. Aug. 34.
Corda Jos. August, 27. 38. (Biogr. 70.)
Cornova Ignaz, 58. 62. (Biogr. 70.)
Crantz H. J., 19.
Čelakowsky Franz Lad. (Biogr. 74.) 85. 86. 87. 92. 102.
Čelakowsky Ladislaw, 36.
Czermak Joh., 41. 42. 46.
Čupr Franz, 42. 79. 61. 92. 96. 98.
Dastich Jos., 46. 83. 96. 97. 98.
David Mart. Alois, 2. 3. 48. 49. 50. (Biogr. 71.) 112.
Delius Traugott, 23. 24.
Dembscher Franz, 20. 76.
Dienger Josef, 9.
Dlabacz Gottfr. Johann, 63. 70. (Biogr. 71.) 78. 85. 100. 101.
Dobner Gelas., 51. 53. 61. 62. (Biogr. 71.) 86. 101.
Dobrowsky Josef, 51. 54. 58. 62. 63. 70. (Biogr. 71.) 78. 85. 100. 101.
Dolliner Thomas (Biogr. 71.)
Doppler Christian, 3. 7. 12.
Doucha Franz, 49. 82.
Durége Heinrich, 9.
Durich Fortunat (Biogr. 71.)
Edlersberg Jos. Edl. v., 75.
Ehrlich Joh. Nep. (Biogr. 74.) 94.
Emler Josef, 68. 69.
Engel Jos. Christ. (Biogr. 71.)
Erben Josef, 18.
Erben Karl Jar., 3. 55. 65. 68. 70. 74. 86. 104. 105. 108.
Erlacher Jos. Anton, 25.
Exner Franz, 91. 92.

8*

Fauken J. B. H., 43.
Feifalik Julius, 82.
Feistmantel Carl, 28. 29. 37.
Felkel A., 6.
Fieber Franz Xav., 32. 38.
Freyssmuth Jos. v., 20. (Biogr. 71.)
Fritsch Anton, 29. 30. 41. 42.
Fritsch B., 78.
Fritsch Carl, 17. 32.
Frühauf Adalb., 60. 79.
Fürstenberg Karl Egon Fürst v. (Biogr. 71.)
Fuss Franz, 48.
Gerken Ph. W., 54.
Gerstner Franz Jos. Ritt. v., 1. 2. 10. 48. (Biogr. 71.) 76. 77.
Gindely Ant., 59. 65. 66. 68. 69.
Gintl Wilh. Fried., 22.
Görgey Arthur v., 21.
Gołowacki Jakob Fr., 107.
Grigoriewicz Prof., 87. 103.
Grohmann Jos. Virgil, 83. 97. 98.
Gross Anton, 24.
Gruber P. J., 43.
Gruber Tobias, 10. 11. 16. 26. 48. (Biogr. 71.) 78. 91.
Gruber Wenzel, 44.
Grübel J., 58.
Grünwald Anton, 9.
Hacquet, 47.
Hänke Thadäus, 31.
Haidinger Wilhelm, 27. 28.
Hallaschka Cassian, 3. 49. (Biogr. 71.) 92.
Hammer-Purgstall J. Freih., 63.
Hanka Wenzel, 4. 28. 52. 53. 56. 59. 66. 67. 82. 85. 86. 87. 88. 102. 103. 104. 105. 106.
Hansa M., 43.
Hanuš Ignaz Joh., 56. 60. 67. 74. 75. 82. 84. 86. 87. 89. 90. 91. 92. 93. 95. 96. 97. 98. 99. 104. 106. 107. 108. 109. 110. 114.
Hartig Franz Graf v., 48.

Hasner Josef Ritt. v., 45. 46. 69. 74. 75.
Hattala Martin, 83. 87. 89. 90. 91. 105. 106.
Heidinger Carl, 25. (Biogr. 71.)
Helbling G. Sebast., 31. 37.
Hermann, 76.
Hermann Joh. Fr. v. Hermannsdorf (Biogr. 71.)
Hessler Ferdinand, 12. 44.
Heyrenbach Jos. Bened., 58. (Biogr. 71.)
Hilferding Feod., 59.
Höfler Constantin, 59. 60. 64. 65. 66. 67. 68. 69. 82. 89. 93. 95. 96. 106.
Hoffinger J. A. v., 75.
Hornstein Carl, 9.
Hoser Jos. Carl Ed., 27. 55. (Biogr. 71.)
Hulakowsky Franz, 79. 105.
Hyrtl Josef, 38.
Jacquin Jos. Nik., 19. 30. 31.
Jäthenstein (s. Kalina).
Jandera Jos. Lad., 49. 63.
Janscha A., 37.
Jeckel Fr. J. (Biogr. 71.)
Jedlička Bohdan, 90. 91.
Jelinek Carl, 3. 13.
Jirasek Johann, 22. 25. 31. (Biogr. 72.)
Jireček Herm., 68.
Jireček Jos., 89. 97. 105.
John Joh. Dionys (Biogr. 72.)
John C., 91.
Jüttner Josef, 3. 49.
Jungmann Josef, 3. 44. 85. 86. 102. 103.
Kämpf Saul Isaak, 83.
Kalina Ritt. v. Jäthenstein, 49. 55. 63. (Biogr. 72.) 73. 85. 101. 113.
Karlinski Franz, 4.
Kaulich Wilhelm, 96. 98.
Kautz J. v., 39.

Kerczelich de Corbavia B. A., 57.
Kinsky Franz Graf v., 20. 23.
(Biogr. 72.) 76.
Kleemann N. E., 47.
Klemt Agathon, 84.
Klinkosch J. Th., 10. 43.
Knobloch Jos. Wilh., 77.
König Johann, 24.
Köremon, 80.
Kohl, 68.
Kolář Josef, 108. 109.
Kolenatý Friedr. Rud., 27. 28. 38.
Kolowrat-Libsteinsky Franz Anton Graf v., 112. 113.
Komárek Emil, 61. 70. 99. 108. 110.
Kořistka Karl, 4. 13. 14.
Kosteletzky Franz Vinc., 34.
Koubek Johann, 91.
Kramer M., 1.
Krummer Chr., 78.
Krbec Johann, 66.
Kreil Karl, 3. 7. 49.
Krejči Johann, 14. 27. 28. 29. 39.
Krombholz Vinc. Jul. v., 44. (Biogr. 72.)
Kuhn Joh. Rostislaw, 48.
Kulik Phil. Jac., 6. 7. 8. 15. 113.
Kurz, 44.
Kwět Franz, 94. 95. 105.
Lambl Wilh. Dušan, 45. 46.
Lampadius, 76.
Landrani Marsilio Ritt. v., 17.
Leonhardi Hermann Freih. v., 33. 34. 35. 36. 39. 45. 92. 93. 94. 94. 98.
Lepař Johann, 69.
Lindacker J. T., 25. 37. 48.
Lippich Ferd., 9. 19.
Littrow Johann Josef, 2. 6.
Löwe Johann Heinrich, 93. 94. 95. 96. 98. 99.
Lommer, 37.
Mach Ernst, 19.
Machowetz Josef, 9.

Mader Jos. Ritt. v., 53. (Biogr. 72.)
Maier Alois, 26.
Maillard Sebast. (Biogr. 72.)
Mako P., 4.
Malý Jacob, 82.
Martini A. C. v., 78.
Marwan Johann, 10.
Matkowic, 79.
Matzka Wilhelm, 7. 8. 9. 14.
Mayer Johann, 10. 16. 20. 22. 31. 37. 43. (Biogr. 72.) 76. 111.
Mayer Josef, 25. 31. 37. 43. (Biógr. 72.)
Megerle v. Mühlfeld Joh. G., 77.
Meinert J. C., 49.
Miessl v. Zeileisen Anton, 26. 76.
Mikan Joh. Christian, 38.
Millauer Maxim., 51. 63. (Biogr. 72.) 80. 100. 112.
Mittrowsky J. Graf v., 25.
Monse Jos. Wrat. v., 53. 62. (Biogr. 72.)
Morawetz Fr. W., 43.
Moth Franz, 3. 6.
Mühlfeld (s. Megerle).
Müller Franz, 76.
Müller Josef, 78.
Münter Friedrich, 55.
Nebesky Wenzel B., 65. 82. 83. 89. 106, 107.
Nickerl Ant., 18. 42.
ď Nouvelle A., 91.
Nowak Alois, 13. 17. 18. 19. 30.
Nowotny Eduard, 89.
Opiz Phil. Max., 14. 32. 33. 34.
Ossolinski Jos. Max. Graf v. Tenczyn (Biogr. 72.)
de Pace B. Graf, 57.
Pakassi Joh. Freih. v., 6.
Palacky Franz, 51. 52. 58. 63. 66. 69. 70. 71. 73. 74. 78. 80. 85. 91. 101. 102. 103.
Palacky Johann, 34. 35. 36. 40. 41.
Pallas P. S., 24.

Pasquich Johann, 6.
Payzy Anton, 16. 20.
Pazmandi, 23.
Pećirka Josef, 29. 104. 105.
Peithner J. Th. A., 47.
Pelzel Franz Martin, 51. 53. 54. 57. 61. 62. (Biogr. 72.)
Petrasch A., 57.
Petřina Franz Adam, 12. 13. 14.
Pierre Victor, 8. 14. 15. 16. 19. 30. 40.
Pilgram A., 1.
Pleischl M. Adolf, 20. 26. 49.
Plenčicz Jos. Edl. v. (Biogr. 72.)
Plenck J. J., 43.
Poda P., 75.
Pohl Johann Eman., 31.
Pötsch Christ. Gottlieb, 26.
Popper Josef, 9.
Pozděna Adolf, 18.
Presl Joh. Swatopl., 20. 32. (Biogr. 72.)
Presl Karl Bořiw. 22. (Biogr. 72.)
Prochaska J. Georg, 25. 37. 38. 43. (Biogr. 72.)
Pubitschka Franz, 61.
Purkyně Johann Evang., 14. 38. 39. 40. 44. 45. 46. 60. 90.
Quadrat Bernh., 21. 55.
Rafn Christian, 59.
Redtenbacher Josef, 21. 55.
Reuss August Eman., 21. 27. 28. 29. 39. 40. 41.
Reuss Franz Ambros, 20. 24. 25. 26.
Richter, 22.
Riedl Anton, 76. 89.
Riegger Josef Anton Ritt. v. (Biogr. 73.) 78.
Rochleder Friedr., 21.
Rumy Georg C., 71.
Ryba Josef, 13.
Rybička Anton, 54.
Sajnovicz J., 84.
Sandberg Karl v., 22. 27.

Šafařik Paul Jos., 52. 55. 58. 74. 85. 86. 87. 101. 103. 104. 105.
Schafgotsch Franz Ernst Graf v., 1. 5. 6. (Biogr. 73.)
Scherer Joh. Andr. v., 10. 11. 20. 25. 77.
Scherschnik Leonard J., 100.
Schifermüller Ignaz, 10. 75.
Schindler, 76.
Schleicher August, 87. 88.
Schmidt Franz Wilib., 23. 31. 37. 48.
Schmidt Gustav, 5. 19.
Schmidt Joh. Ferd. v. Bergenhold, 18. 30.
Schohai Franz, 88.
Schreber Daniel G., 47.
Schrötter F. F., 57.
Schulte Friedr. Ritt. v. 110.
Schulz Ferdinand, 109.
Scopoli J. A., 19. 22. 23. 31. 75.
Seidel Michael, 6. (Biogr. 73.)
Severini J., 54.
Siegel Laurenz, 76.
Šimerka Wenzel, 8.
Skřiwan Gustav, 9.
Skukersky Rudolf, 8.
Šolin Josef M., 9.
Sommer Joh. Gottfr., 49.
Sonnenfels J. v., 77. 80. 91.
Spalowsky J. A., 37. (Biogr. 73.)
Spirk Anton (Biogr. 73.) 100.
Staněk Wenzel, 45.
Stein Friedr., 39. 40. 41. 42. 45.
Steinbach Otto v. Kranichstein, 53. 62. (Biogr. 73.)
Steinmann Jos., 20. 26. (Biogr. 73.)
Steinsky Franz, 53.
Stepling Josef, 1. 5. 6. 10. 16. 25. 47.
Sternberg Caspar Graf v., 26. 31. (Biogr. 73.)
Sternberg Franz Graf v., 53. (Biogr. 73.)

Sternberg Joachim Graf v., 20. (Biogr. 73.) 76.
Sternberg Johann Graf v., 22. 25. (Biogr. 73.)
Stojanow D., 61. 80.
Stolba Franz, 21. 22.
Štorch Karl, 82. 92. 93. 94. 101.
Storchenau, 91.
Stoutz L. F., 23. 24.
Strnad Anton, 1. 2. 16. 17. 48. (Biogr. 73.)
Studnička Franz Jos., 9. 18.
Stumpf Georg, 22. 23. 31.
Suchecki Heinrich v., 89. 90.
Tausch Ignaz Friedr. (Biogr. 74.)
Temple Rudolph, 84.
Tenczyn (s. Ossolinski).
Tessanek Johann, 1. 5. 6. 10. (Biogr. 73.)
Tieftrunk Carl, 70. 109.
Tilscher Franz, 9.
Tomek Wenzel Wlad., 49. 52. 58. 59. 64. 65. 66. 67. 68. 69. 100. 101. 105.
Triesnecker Franz v., 2. 48. 49. (Biogr. 73.)
Trnka J., 75.
Ungar Carl Raphael, 62. 72. (Biogr. 73.) 100.
Vaclik Johann, 59.
Valentinelli Josef, 59. 84.
Verinus E., 57.
Voigt Adauct, 1. 53. 54. 61. (Biogr. 73.) 80.
Volkmann Wilh. Fridolin, 45. 83. 84. 94. 95. 96. 97.
Waclawik Franz, 19.
Wallis Josef Graf v. (Biogr. 73.)

Waltenhofen Adalb. v., 19.
Wander v. Grünwald Leopold, 22.
Weitenweber Wilh. Rud., 4. 15. 17. 18. 21. 23. 29. 30. 33. 34. 35. 36. 39. 41. 42. 44. 45. 71. 72. 74. 75. 77. 94. 101. 109. 114.
Wells J. J., 19.
Wenzig Josef, 93. 98. 99.
Werner A. G., 24.
Weselý Josef, 9.
Weyrauch Ervin, 106.
Winařický Carl, 89. 90.
Wocel Johann Erasm., 33. 53. 54. 55. 57. 58. 60. 61. 64. 67. 70. 78. 79. 81. 82. 83. 84. 87. 88. 89. 101. 106. 107. 108. 114.
Wolf Gustav Ad., 12.
Woltmann Reinhard, 11.
Wondraschek Anton, 24. 25.
Wratislaw Rud. Graf v., 69.
Wrbna Rud. Graf v. (Biogr. 73.)
Wrťátko Anton J., 83. 93. 95. 97. 106. 107.
Zap Carl Wlad., 49. 54. 56. 57. 58. 64. 66. 67. 68. 74. 80.
Zauschner Fr. K., 77.
Zeileisen (s. Miessl).
Zeithammer Gregor, 81. 92.
Zenger Carl Wenzel, 19.
Zepharovich Victor Ritt. v., 30.
Zeuschner Ludwig, 39.
Zikmund Wenzel, 90.
Zimmermann Robert, 82. 83. 93. 94. 95. 96.
Zippe Franz Xav., 26. 28.
Zobel Johann, 33.
Zoubek Franz, 80.

Inhalts-Uebersicht.

Vorwort III

Erste Abtheilung.
Abhandlungen ins kosmologische Gebiet gehörend.

1. Astronomie und Chronologie etc. 1
2. Mathematik 5
3. Physik, Optik, Mechanik 10
4. Meteorologie, Erdmagnetismus etc. 16
5. Chemie 19
6. Naturhistorisches im Allgemeinen 22
7. Geologie und Mineralogie 23
8. Botanik 30
9. Zoologie 37
10. Anatomie, Physiologie, Pathologie etc. 43

Zweite Abtheilung.
Abhandlungen ins anthropologische Gebiet gehörend.

1. Geographie, practische Geometrie 47
2. Historische Quellenkunde, Diplomatik 51
3. Numismatik, Heraldik 53
4. Archaeologie 54
5. Geschichte im Allgemeinen 57
6. Geschichte Böhmens und Mährens insbesondere 61
7. Biographien und Necrologe 70
8. Oekonomie, Technologie etc. 75
9. Jus, Politik, Statistik etc. 77
10. Aesthetik, Kunstgeschichte etc. 80
11. Sprachwissenschaft, Graphik 84
12. Philosophie, Pädagogik, Mythologie 91
13. Geschichte der Literatur, des Bibliotheks- und Unterrichts-Wesens 99
14. Slawische Literaturgeschichte 101
15. Werke zur Geschichte der königl. böhm. Gesellschaft der Wissenschaften gehörend 110

Namen-Register 115

www.ingramcontent.com/pod-product-compliance
Lightning Source LLC
Chambersburg PA
CBHW031343160426
43196CB00007B/727